지금으로부터 6,600만 년 전,
거대한 운석이 지구와 충돌했고

그 영향으로 공룡은 멸종됐다고 한다.

만약 운석이 지구에 충돌하지 않았고
공룡이 멸종되지 않았다면,
그들은 어떤 모습으로 진화했을까?

이것은 멸종하지 않고 진화한 공룡들의
'만약에' 도감이다.

만약에 공룡이 멸종하지 않았다면
신 공룡 도감

두걸 딕슨 지음
김해용 옮김

THE NEW DINOSAURS
AN ALTERNATIVE EVOLUTION
DOUGAL DIXON

시작하는 말

우리는 신기한 모습의 동물을 정말 좋아합니다.

이 책에 등장하는 신기한 모습의 동물은 현재 지구상에는 존재하지 않습니다. 하지만 모두가 어쩌면 실제로 존재했을지도 모르는 동물들입니다. 만약 공룡이 멸종하지 않았다면, 이 책에 등장하는 모습으로 진화했을지도 모르기 때문입니다.

6,600만 년 전, 운석이 충돌하지 않고 지구 옆을 스쳐 지나갔더라면 어땠을까요? 공룡과 그 밖의 다양한 대형 동물은 그 후에도 계속 번성했을 것입니다. 그들이 멸종하지 않고 계속 살아남았다면, 지구의 변화와 함께 6,600만 년에 걸쳐 계속 진화했을 것이고, 우리가 화석으로 알게 된 모습과는 다른 모습이 되었을 것입니다.

6,600만 년 동안 정말 놀라울 만큼 환경의 변화가 일어났습니다. 이미 쪼개지기 시작했던 대륙은 이 시기에 특히 빠르게 움직여 제각각 멀리 떨어져 나갔습니다. 또 기후와 식생의 변화도 커서 공룡시대, 즉 중생대에는 존재하지 않았던 광활한 초원이 발달했습니다. 기후는 추워지기 시작하여 최종 빙하기(약 7만 년 전~1만 년 전의 빙하기)에 이르렀습니다.

환경의 변화는 거기에 적응하지 못한 공룡을 비롯한 다른 거대한 동물을 멸종시킬 정도로 대단합니다. 이 책에 등장하는 동물은 변화한 환경에서 생존하려면 어떻게 적응해야 하는지, 다양한 모습을 보여줄 것입니다.

이 책에는 다른 의도도 있습니다. 바로 '동물지리구(動物地理區)'에 대한 사고방식을 제시하는 것입니다. 캥거루는 왜 오스트레일리아의 초원에 있고 아프리카의 초원에 없을까? 나무늘보는 왜 남아메리카의 나무에 있고 북아메리카의 나무에 없을까? 그것은 지구의 육지가 대략 여섯 개의 동물지리구로 나뉘기 때문입니다.

동물지리구는 저마다 바다와 산맥, 사막 같은 장벽으로 구분됩니다. 학자들이 생물지리구라고도 부르는 이 여섯 개의 영역에서 생물들은 각각 독자적인 진화를 이루며 환경에 적응한 특징이 생깁니다. 같은 시간을 겪었다면 어떤 동식물이라 해도 지리 구분에 의한 진화의 결과는 마찬가지가 될 겁니다.

이 책에서는 동물지리구를 멸종하지 않은 공룡이 적응해 진화하는 과정과 나란히 놓고 살펴보았습니다.

마지막으로 한 가지가 더 있습니다.

"공룡은 '새'의 형태로 6,600만 년 전의 대멸종에서 살아남았다."라고도 말합니다. 하지만 당시 조류의 대다수 종은 공룡과 함께 멸종됐습니다. 우리가 지금 보고 있는 새는 6,600만 년 전의 대멸종에서 살아남은 몇 안 되는 조상에게서 진화해 온 것입니다. 6,600만 년 전 운석 충돌이 없었더라면, 조류의 과거 역사도 전혀 달랐을 것이라고 말할 수 있습니다.

두걸 딕슨(Dougal Dixon)

목차

시작하는 말 009
'신공룡 도감'을 읽는 방법 012

[신공룡 도감] 013

에티오피아구 014
와스프이터 / 트리호퍼 016
란크 / 플라프 018
샌들 / 웜 020
아벨리사우로이데스 / 타이타노사우루스 022
미니아벨리사우로이데스 / 미니타이타노사우루스 024

구북구 026
게스탈트 028
브리켓 / 즈윔 030
코니터 / 징크스 032
트롬블 / 위플 034
타란터 / 데바릴 036

신북구 038
스프린토사우루스 040
노스클로 / 모노콘 042
발라클라브 / 마운틴리퍼 044
스프린지 / 시프트 046
노거 / 트리파운스 / 푸틀 048

신열대구 050
판가룬 / 워터걸프 052
김프 / 스케일리글라이더 054
터토사우루스 / 럼버 056
커틀라스투스 / 구르망 058
디프 / 하리단 060

동양구 062
라자펀트 064
하누한 / 타데이 / 넘스컬 066
트리윔 / 플러리트 068
파라소 / 글러브 070

오스트레일리아구	072
크리브럼 / 포우치	074
그와나 / 딩검	076
크랙비크 / 터브	078
클룬 / 완들	080
코코넛그랩 / 쇼어러너	082

해양	084
소어 / 플런저	086
헐크 / 버드스내처	088
펠로러스 / 크라켄	090

[신공룡 도감 세계관 해설]	093
대멸종	094
공룡이란 무엇인가	098
새로운 계통수	100
고(古)지리	104
동물지리구	106
서식지	108

나오는 말	118
추천하는 말	122
찾아보기	123

'신공룡 도감'을 읽는 방법

● **서식지**
'신공룡'이 사는 동물지리구와 환경을 표시합니다.

● **학명**
언어와 상관없이 국제적으로 통용되는 생물 종의 이름입니다.

● **이름**
'신공룡'의 이름입니다.

● **식성**
알기 쉽게, '육식', '초식' 중 가까운 것을 표기했습니다. 실제로는 보다 복잡한 식성을 가졌을 것으로 생각합니다.

● **루트**
조상으로 생각되는 대표적인 예입니다. 반드시 모든 '신공룡'의 조상이 한 종류의 공룡은 아닙니다. 공통 조상에서 다른 '신공룡'으로 진화하기도 합니다. 도감 내용에서 언급하는 조상과 [루트]의 조상에 차이가 있는 것은, 종 속 전체나 그룹명을 표기하는 경우가 있어서입니다.

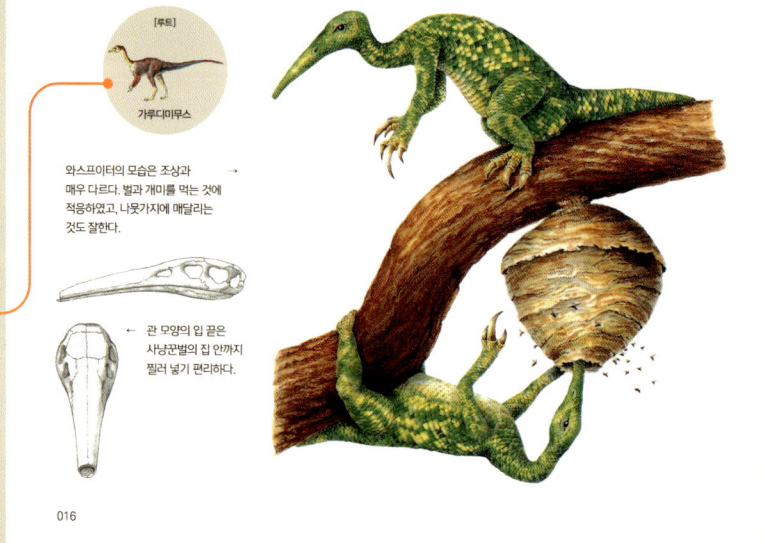

일러두는 말

○ 원저는 『The New Dinosaurs an Alternative Evolution』이며, 이 책은 아동서로서 ① 어린이가 알기 쉬운 설명, ② 어린이가 읽기 쉬운 글자 크기와 분량, ③ 어린이의 이해를 돕기 위한 배치로 변경하였습니다. 원저에 기재된 설명을 간결하게 풀거나 생략한 부분도 있습니다.

○ 원저에서의 저자의 생각, 표현을 최대한 살리면서도 용어나 해석 중에는 최근의 연구 성과를 반영한 부분도 있습니다.

○ 책의 마지막 구성인 '신공룡 도감 세계관 해설'은 원저에서 책의 앞 부분에 배치되어 있습니다. 이 책은 어린이들이 쉽게 손에 쥐도록 하기 위해 순서를 변경하였습니다. 만약 지식이나 정보를 미리 습득한 후 책을 보고 싶다면 먼저 읽어 보기를 추천합니다.

○ 책 안에서 자주 사용하는 '오늘날에는' '지금(은)' '현재(는)' 등의 말은, 책에서 가정한 '공룡이 멸종하지 않은 세계'의 현시점(백악기 말부터 6,600만 년 후의 현재)입니다. 다만 책 마지막의 '신공룡 도감 세계관 해설' 안에는 일부 예외도 있습니다.

○ 책의 처음 부분(1~5쪽)은 어린이들에게 책의 콘셉트를 잘 전달하기 위해 일본 아동서판에서 추가한 내용입니다.

THE NEW DINOSAURS
신공룡 도감

만약에 공룡이 멸종하지 않았다면

* * *

오늘날 대륙 위치와 환경은 지구의 오랜 역사와 대기 순환으로 만들어졌다. 각 대륙과 동물지리구에는 각각 특징적인 생물상이 있다. 트라이아스기부터 쥐라기 전기에는 지구상의 대륙이 초대륙 판게아 하나였기 때문에 어디에서나 같은 생물상을 볼 수 있었다.

하지만 판게아가 쪼개지면서 생물은 각각의 대륙에서 독자적인 진화를 이루었고, 지역마다 특징적인 생물상이 나타났다. 수천만 년에 걸친 독립된 환경의 동물지리구에서는 다른 동물지리구와 전혀 다른 생물상을 볼 수 있다. 다만 육지로 이어진 인접한 동물지리구에는 같은 종이 나타나는 경우도 있다.

동물지리구는 열대림, 사막, 툰드라, 대륙 빙하의 네 가지와 그들의 중간 환경으로 구성된다. 현재의 동물지리구 환경은 신생대에 들어선 뒤, 특히 최근 200만 년의 빙하기와 간빙기가 반복되면서 태어난 것이다.

트라이아스기에 나타난 공룡과 익룡은 중생대 내내 번성했다. 쥐라기에 조류가 공룡에서 갈라져 나왔고, 조류는 백악기 초기까지 전 세계로 퍼졌다. 조류와 백악기 말에 멸종하지 않은 공룡, 익룡은 신생대의 새로운 환경에 적응했다. 중생대의 조상과는 그 모습이 크게 바뀐 것이다. 대륙의 배치와 환경은 공룡들을 다양한 형태로 진화시켰다.

다음 쪽부터는 세계 각지에서 살고 있는 현재의 '신공룡 도감'이다.

에티오피아구
The Ethiopian Realm

* * *

에티오피아 대륙은 북동부를 제외하고 바다로 둘러싸여 있으며, 적도 위 북쪽으로 거대한 사막이 펼쳐진다. 거대한 사막의 북쪽은 구북구에, 남쪽은 모두 에티오피아구에 속한다.

트라이아스기 무렵의 에티오피아구는 남쪽의 초대륙 곤드와나의 일부였다. 이때 대륙은 남쪽의 초대륙 곤드와나와 북쪽의 초대륙 로라시아가 연결된 하나의 거대한 땅, 초대륙 판게아였다.

쥐라기 초기에 초대륙 판게아가 로라시아와 곤드와나로 쪼개지기 시작했고, 두 초대륙 사이에 거대한 바다 테티스해가 만들어졌다. 쥐라기 후기에 곤드와나 대륙이 분열하기 시작했고, 백악기 후기에 곤드와나에서 쪼개진 에티오피아 대륙이 북쪽으로 이동하면서 테티스해가 사라졌다.

에티오피아 대륙의 남동쪽에 위치한 거대한 섬은 곤드와나 대륙이 나뉠 때 생긴 파편이며, 오랫동안 다른 육지와 떨어져 있었기 때문에 하나의 작은 동물지리구로 볼 수 있다.

에티오피아 대륙 동부에는 남북으로 뻗은 높은 산맥이 있고, 산맥을 따라 에티오피아 대륙을 동서로 가르는 거대한 대지의 균열, 즉 대지구대(大地溝帶)가 뻗어 있다.

대지구대 주변은 화산과 지진의 활동이 활발하다. 대지구대의 북쪽 끝은 바다에 가라앉아 좁고 기다란 만(灣, 바다가 육지 속으로 파고든 형태의 지형 – 편집 주)을 만들었다. 에티오피아 대륙 서쪽 끝의 산맥은 곤드와나 대륙을 분열시킨 대지구대 동쪽 가장자리의 흔적이다. 에티오피아 대륙의 나머지 부분은 하천이 흐르는 평야와 넓은 평지이다.

에티오피아구는 적도를 중심으로 다른 환경이 띠 모양으로 이어진다. 적도를 관통하는 대륙 중앙부의 낮은 지대는 열대우림이 펼쳐지고, 풍부한 나무열매와 곤충을 먹이 삼아 나무 위에 사는 소형 동물들이 많다.

열대우림 지대 바깥쪽은 초원이 펼쳐진다. 사바나 기후의 이곳은 우기에만 비가 내리기 때문에 드문드문 관목과 초원으로 탁 트인 모습이다. 이런 환경에서는 다리가 긴 초식공룡과 걸어다니는 지상 동물로 진화한 익룡 등이 살아간다.

초원 지대 바깥에 비가 특히 적게 내리는 지역은 사막이다. 이곳의 공룡들은 사막의 혹독한 환경에 적응하려고 구멍을 파고 생활하기에 적합한 모습으로 변했다.

에티오피아구 남동쪽의 거대한 섬에는 열대우림과 광활한 숲이 펼쳐진다. 곤드와나 대륙이 분열되기 이전부터 살았던 동물들이 생존해 있다. 이곳은 섬의 환경이 거의 바뀌지 않아 동물들은 환경에 새로 적응할 필요가 없었다.

*동물지리구는 106쪽을 참조(이후 지리구도 마찬가지).

에티오피아구 | 열대우림

와스프이터
Vespaphaga parma

육식

　와스프이터는 나무 위에서 생활하는 공룡이다. 아브로사우루스류의 특수 종으로 벌과 개미 같은 곤충을 먹이로 삼는다. 신제3기에 전 세계적으로 초원이 발달하고 삼림이 갈라졌을 때, 와스프이터 종 대부분은 에티오피아구 열대림에 남겨졌다.

　와스프이터의 긴 부리는 나무에 오르거나 사냥꾼벌의 집을 가를 때 유용하다. 머리를 뒤덮고 있는 갑옷 같은 피부와 지붕 벽돌처럼 포개진 비늘 덕분에 벌에게 쏘여도 안전하다.

　에티오피아구 이외의 열대림에서도 와스프이터와 닮은 종을 볼 수 있다. 신열대구에 사는 판가룬은 와스프이터의 친척은 아니지만 모습이 닮았다. 비슷한 환경에 적응한 결과 특별히 친척이 아닌데도 비슷한 형태를 갖게 된 것이다.

[루트]
가루디미무스

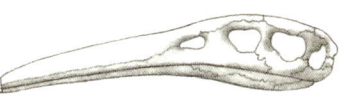
와스프이터의 모습은 조상과 매우 다르다. 벌과 개미를 먹는 것에 적응하였고, 나뭇가지에 매달리는 것도 잘한다.

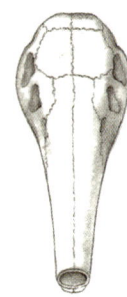
← 관 모양의 입 끝은 사냥꾼벌의 집 안까지 찔러 넣기 편리하다.

트리호퍼의 꼬리는 조상과 마찬가지로
팽팽하게 뻗어 있다. 나뭇가지에서 나뭇가지로
이동할 때 꼬리를 사용하여 균형을 잡는다.
긴 발가락과 발톱은 나뭇가지를
움켜쥐거나 곤충을 잡는 데 유용하다.

[루트]

가루디미무스

아브로사우루스류는
지상에서 이동하기가
힘들다. 어쩔 수 없이
지상에서는 통통 튀면서
이동한다.

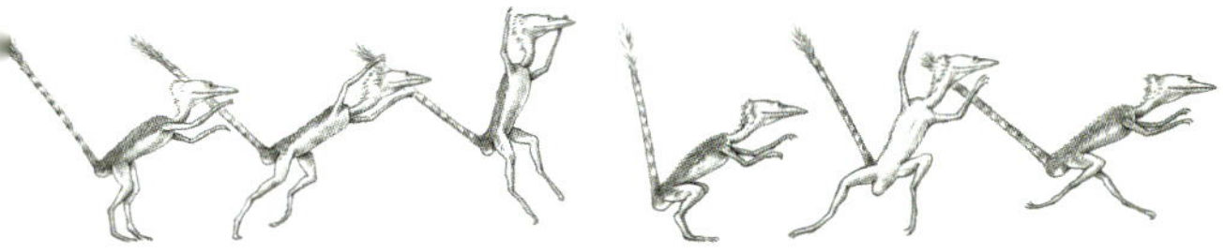

에티오피아구 | 열대우림

Arbrosaurus bernardi

트리호퍼

육식

 아브로사우루스류 중에서 트리호퍼는 와스프이터와 함께 가루디미무스 같은 원시적인 오르니토미무스류가 특수화된 것이다.

 수많은 아브로사우루스에게는 조상의 체형이 남아 있지만, 어깨의 쇄골에서 큰 차이를 보인다. 수각류와 새는 원래부터 있던 좌우 두 개의 쇄골이 한가운데서 합체한 '차골(叉骨)'을 가졌고, 아브로사우루스류는 두 개의 쇄골을 다시 진화시켜서 나무에 오르거나 나뭇가지를 건너기에 적당한 힘센 팔을 얻었다.

 큰 뇌, 앞으로 향한 커다란 눈, 작은 이빨이 나란히 박힌 턱은 나무 위에서 곤충을 잡아먹기 위해 적응한 결과이다.

에티오피아구 | 긴 풀 사바나

Herbafagus longicollum

란크

초식

[루트]
아즈다르코

란크의 눈은 머리 위쪽에 있어서, 식사를 위해 풀 속에 얼굴을 집어넣고 있어도 적의 접근을 알아챌 수 있다.
↓

신제3기에 이르러 세계 각지에 새로운 초원이 나타났다. 풀에는 미세한 유리 입자가 들어 있어서 먹을 때마다 이빨이 점점 닳았고, 풀의 영양을 흡수하려면 복잡한 소화기관이 필요했다. 또 탁 트인 초원에서는 적으로부터 재빨리 도망치기 위한 긴 다리도 필요했다. 신북구의 공룡들이 이 환경에 잘 적응했고, 에티오피아구에서는 익룡이 적응했다.

초원이 생기면서 익룡의 일부는 날기를 그만두고 지상 생활을 시작했다. 그중 란크는 도저히 조상이 하늘을 날았다고는 생각할 수 없는 모습이다. 날개가 사라진 자리를 긴 앞다리가 대신하고, 뒷다리는 앞다리만큼 길어졌다. 긴 목과 커다란 머리, 짧은 몸통은 조상과 거의 비슷하지만 풀을 먹기 위한 구조를 갖추었다.

날개의 막을 지탱하던 발가락은 몸을 지탱하는 발굽으로 변했다. 과거 날개 가장자리에 붙어 있던 세 개의 작은 발가락은 털을 다듬을 때 사용한다.
↓

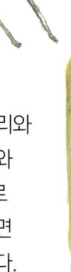

↑
란크는 달릴 때 오른쪽 앞다리와 오른쪽 뒷다리, 왼쪽 앞다리와 왼쪽 뒷다리가 같은 방향으로 움직인다. 그렇게 하지 않으면 긴 다리가 서로 뒤엉키고 만다.

← 익룡의 대부분은 이빨을 다른 형태로 진화시켰으나, 풀을 먹는 익룡은 다시 이빨을 갖게 되었다. 입 끝에 짧고 예리한 이빨이 돋아 있다.

[루트]

아즈다르코

앞다리는 조상과 같은 구조이다. 날개는 평소에는 접어두었다가 짝짓기 상대에게 보여주거나 라이벌을 위협할 때 펼친다.

에티오피아구 | 짧은 풀 사바나

Vexillala robusta

플라프

초식

에티오피아구 사바나에 사는 또 하나의 익룡은 플라프이다. 플라프는 하늘을 나는 익룡과 란크의 중간 진화 단계로, 앞다리에 작은 날개가 남아 있다.

플라프는 풀의 뿌리 쪽을 먹고, 란크는 풀의 이파리와 줄기를 먹기 때문에 둘이 먹을 것을 두고 다툴 일은 없다.

플라프는 날카로운 앞니로 땅 위의 짧은 풀을 잘라내고, 두꺼운 입술과 발달한 뺨을 이용하여 풀을 씹어 먹는다. 또 위에서 소화한 것을 다시 입으로 보내 되새김을 함으로써 풀의 영양소를 효율적으로 흡수할 수 있다.

플라프는 십여 마리씩 떼 지어 초원을 돌아다니며 화려한 모양의 날개를 서로에게 과시한다. 무더운 한낮에는 풀숲에 주저앉아 먹은 것을 되새김한다.

에티오피아구 | 사막 · 관목 사막

Fususaurus foderus

샌들

육식

사막 같은 가혹한 환경에서도 공룡은 산다. 가루디미무스 같은 초기 공룡 오르니토미모사우리아의 후손인 샌들과 웜은 사막 환경에 적응하여 독특한 형태로 진화했다.

사막은 밤낮의 기온 차이가 매우 크다. 사막에서 살려면 낮의 찌는 듯한 더위와 밤의 얼어붙을 듯한 추위 모두에서 몸을 지킬 수 있어야 한다. 샌들은 땅속 구멍을 이용해 극단적인 온도 변화를 견딘다. 샌들의 유선형 몸은 모래 속으로 들어가는 데 최적화되었고, 눈과 코가 머리 위쪽에 붙어 있어서 몸을 모래 속에 파묻은 상태에서도 지상의 상황을 살피거나 호흡할 수 있다.

사막에서 생활하려면 수분 유지가 매우 중요하다. 샌들은 신장 기능이 매우 뛰어나 사냥감에서 얻은 수분의 대부분을 비축해 둘 수 있다. 침에는 독이 있어서 사냥감을 잡을 때 도움이 된다.

↑ 두 다리로 달리는 조상에서 샌들의 체형이 되기까지 오랜 진화의 과정이 있었다. 다리는 짧고 튼튼하게, 몸은 유선형으로 변했고, 조상에게 있던 깃털은 그대로 탄력 있는 모피가 되었다.

[루트] 가루디미무스

[웜]

웜의 머리에는 우둘투둘한 비늘이 → 있고(A), 복부에는 몸의 움직임을 방해하지 않는 스프링 모양의 비늘이 줄지어 있다(B). 엉덩이의 두꺼운 비늘(C)은 뒤에서 다가오는 다른 웜으로부터 몸을 보호한다.

[샌들]

[루트]

가루디미무스

샌들은 곤충이나 전갈, 작은 척추동물을 먹잇감으로 삼는다. 모래 속에서 눈과 코만 지상으로 내놓은 채 사냥감이 가까이 지나가면 재빨리 덮친다.

C

웜은 날씬한 체형과 민첩한 움직임으로, 구멍 깊은 곳으로 도망친 사냥감을 추격한다. 사냥감은 폴짝폴짝 뛰는 소형 포유류이다.

에티오피아구 | 사막·관목 사막

Vermisaurus perdebracchius

웜

육식

　웜의 몸통과 목은 극단적으로 길게 변했고, 앞다리는 완전히 퇴화해 사라졌다. 머리 모양은 샌들과 마찬가지로 모래 속을 파고들기에 적합하다. 몸을 꿈틀거리며 뒷다리로 모래를 차면서 모래 속을 헤엄치듯이 이동한다.

　진화한 웜이 처음 나타난 곳은 에티오피아구 북부 사막이다. 자기 힘으로 구멍을 파지 않고 소형 포유류의 굴을 이용하거나 사막 이외의 환경에도 적응하고 있다. 동양구에는, 긴 몸을 활용하여 헤엄치거나 나무 위에서 생활하는 웜도 있다.

　지금도 에티오피아구 북부 사막에 사는 웜은 모래 속에 구멍을 파고 해뜨기 전이나 저물녘에 소형 포유류나 파충류를 잡아먹는다.

　웜은 진화 과정에서 몸이 가늘어지며 신장이 퇴화했지만, 그래도 샌들처럼 사냥감만으로 수분을 비축할 수 있다.

에티오피아구 | 열대우림-연안의 큰 섬

Abelisauroides modernus

아벨리사우로이데스

육식

강한 햇살도 무수히 많은 나뭇잎에 가려져 땅 위까지 닿지 않는 열대 정글. 커다란 날개를 가진 익룡이 들어갈 수 없게 된 이 공간은 알록달록한 조류의 세계로 변했다. 조금 전까지 깍깍 하고 울부짖던 새들 소리가 갑자기 멎고 숲에 정적이 찾아온다. 그 늘진 잡초 사이에서 일어선 아벨리사우로이데스가 며칠 전에 잡은 사냥감 쪽으로 천천히 걸어간다.

아벨리사우로이데스가 사는 거대한 섬은 에티오피아 대륙의 동쪽 해안 앞바다에 있다. 이 섬은 현재까지 오랜 기간 다른 대륙으로부터 격리된 상태로, 이곳의 생물에게는 과거 곤드와나 대륙의 흔적이 남아 있다.

이 섬의 아벨리사우로이데스는 백악기에 곤드와나에서 번성했던 아벨리사우루스류가 살아남은 것으로, 모습은 앞다리가 길쭉한 조상과 거의 비슷하다. 현재의 아벨리사우로이데스는 전체 길이 8~10m 정도이며, 숲속을 단독으로 혹은 작은 무리를 짓고 돌아다니다 대형 초식동물을 공격한다. 나이를 먹고 움직임이 둔해지면 젊은 아벨리사우로이데스가 먹고 남긴 사체를 훔쳐 먹으며 산다.

[루트]
아벨리사우루스류
(아벨리사우로이데스)

아벨리사우로이데스는 원시적인 수각류의 모습을 아직 지니고 있다. 날카로운 이빨과 앞다리의 갈고리발톱으로 상대를 움켜쥐어 찢고, 뒷다리의 발톱으로 마지막 일격을 가한다.

타이타노사우루스는 전형적인 용각류 체형으로, 꼬리와 목이 길게 발달했다. 단단한 근육질의 꼬리를 채찍처럼 휘둘러 적에게 타격을 준다.

[루트]
라페토사우루스

타이타노사우루스의 머리뼈는 백악기 후기의 조상과 같은 모양이다. 이빨은 입 끝에만 나 있다.

에티오피아구 | 건조림-연안의 큰 섬

Altosaurus maximus

초식

타이타노사우루스

타이타노사우루스는 이 섬에 있는 여러 종의 용각류 중에서 가장 크다. 전체 길이가 18m이며, 고개를 들었을 때 높이가 6m에 달한다. 전형적인 티타노사우루스류의 모습이며, 보기엔 묵직해도 대부분의 뼛속이 텅 비어서 체중은 가벼운 편이다.

타이타노사우루스는 숲속을 큰 무리를 지어 이동하면서 새싹이나 어린잎, 줄기를 깡그리 먹어 치운다. 그 때문에 섬에 있는 높이 6m 이하의 나무는 황폐한 상태이다. 먹이는 입 끝의 이빨로 뜯어낸 후 씹지 않고 모래주머니로 바로 보낸다. 모래주머니에는 작은 돌이 가득 들어 있고, 먹이는 여기에서 잘게 부서져서 위로 보내진다. 모래주머니 속의 돌은 금방 닳기 때문에 닳은 돌은 뱉어내고 새로운 돌을 삼킨다. 섬 여기저기에는 그들이 토해낸 돌이 작은 언덕을 이루듯 쌓여 있다.

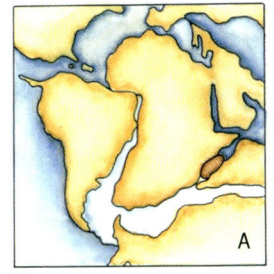
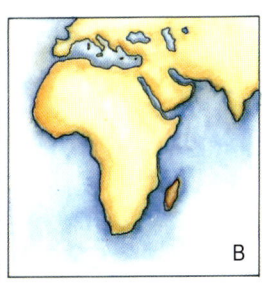

에티오피아 대륙 남동쪽의 커다란 섬은 백악기 전기에 곤드와나 대륙에서 분리되기 시작했다(A). 그 후 현재에 이르기까지 1억 년 동안 지구상의 위치는 거의 변하지 않았고(B) 환경 역시 달라지지 않았다. 그 결과 곤드와나 대륙이 분열할 때 남겨진 생물이 그대로 살아남았다.

에티오피아구 | 해안선-작은 섬들

Abelisauroides nanus

미니아벨리사우로이데스

육식

바닷새들이 모래사장으로 쓸려 온 해조류와 죽은 동물의 사체를 쪼아 먹으며 돌아다닌다. 그중 한 마리가 바위 뒤로 다가간 순간, 작은 공룡이 갑자기 튀어나와 바닷새를 순식간에 사냥한다. 이 사냥꾼은 전체 길이 3m 정도의 작은 체형이지만 아벨리사우로이데스의 친척이다.

곤드와나 대륙이 분열하고, 에티오피아 대륙과 훗날 동양구와 합체하는 작은 대륙이 분열하면서 둘 사이의 바다에는 대륙의 파편이라 할 수 있는 섬들이 생겨났다. 아벨리사우로이데스와 타이타노사우루스가 사는 거대한 섬에서 동북쪽 1,000㎞에 걸쳐 작은 섬들이 드문드문 생겨난 것이다.

곤드와나 대륙에서 살아남은 동물들은 체형을 작게 만드는 것으로 먹이가 제한된 작은 섬의 환경에 적응했다.

미니아벨리사우로이데스는 날씬한 코엘로사우루스류와 비슷한 체형의 소형 공룡이며, 바닷새처럼 날쌘 작은 동물을 잡아먹는다.

[루트]
아벨리사우루스류
(미니아벨리사우루스)

미니아벨리사우로이데스는 보통 혼자서 사냥을 한다. 모래사장을 돌아다니던 바닷새가 깜짝 놀라 날아오르려는 순간 낚아챈다.

미니타이타노사우루스는 머리가 크고 목과 다리가 날씬하며 꼬리가 짧다. 네 개의 섬에서 각각 다른 종이 산다.

[루트]
라페토사우루스

A

B

← 식물을 먹는 소형 동물은 대형 동물의 5분의 1 크기이지만(A), 육식동물은 3분의 1 크기이다(B). 육식동물은 바닷새를 먹이로 삼을 수 있어서 초식동물만큼 먹이 제한이 심하지 않다.

에티오피아구 | 온대림-작은 섬들

Virgultasaurus minimus

미니타이타노사우루스

초식

 먹을 수 있는 식물의 양이 제한된 작은 섬에서는, 초식동물의 몸 크기가 영향을 받는다. 섬의 환경에 적응하여 작아진 것이 미니타이타노사우루스이다.

 미니타이타노사우루스는 해안의 야자나무 숲이나 내륙의 수풀 속에서 두세 마리가 함께 산다. 다리는 짧아도 수풀 속을 매우 빨리 달릴 수 있어서, 포식자를 만나면 목을 출렁거리며 재빨리 도망친다. 몸은 작아졌어도 머리 크기가 타이타노사우루스와 거의 비슷하여 머리가 상대적으로 커 보인다.

 먹이가 제한된 환경에 적응하여 작아진 생물은 전 세계 여러 섬에서 볼 수 있다. 포식자가 없는 섬에선, 도망쳐 숨을 필요가 없게 된 작은 동물이 투실투실 살찐 대형 동물로 진화하는 경우도 있다.

구북구
The Palaearctic Realm

✵✵✵

최대 동물지리구인 구북구는 대륙 크기가 동서로 약 1만 7,000㎞, 남북으로 약 7,000㎞에 이른다. 이 크기는 과거 초대륙 로라시아의 절반에 해당한다. 나머지 절반(신북구)은 로라시아 분열 이후에도 동쪽 끝에서 붙었다가 떨어지기를 반복하고 있다.

대륙 남쪽의 테티스해는 곤드와나 분열 후 북으로 올라온 거대한 섬대륙과의 충돌로 사라졌다. 이때 동양구와 경계를 이루는 거대 산맥이 생겨났다. 대륙 남서부는 테티스해의 흔적인 내해를 끼고 에티오피아 대륙과 연결된다. 에티오피아 대륙의 북쪽 끝까지가 구북구에 포함된다.

동양구와 경계를 이루는 산맥과 에티오피아 대륙과의 사이에 있는 내해를 둘러싼 산맥은 지질학적으로 보면 비교적 최근에 형성된 것이다. 북서부 거대 반도의 산맥과 대륙을 남북으로 관통하는 완만한 산맥은 초대륙 판게아 무렵에 형성된 오래된 산맥이다.

구북구의 기후대는 동서로 나란히 늘어선 모양이며, 북쪽 끝이 툰드라 지대이다. 남쪽은 침엽수림 지대가 뻗어 있고, 다시 그 남쪽, 즉 바다에서 먼 대륙 중앙부는 건조한 초원과 사막이 펼쳐진다. 해안과 가까운 지역은 바다에서 불어오는 습한 바람의 영향으로 내륙보다 기후가 온화하며 낙엽수림을 이룬다.

구북구 | 낙엽수림·혼교림

Formisaura delacasa

게스탈트

초식

구북구의 공룡 중에서 게스탈트는 가장 특이한 생태를 보인다. 먹이가 부족한 환경이 지속되었던 빙하기에 얼마 안 되는 먹이를 효과적으로 이용하기 위해 개미처럼 진사회성(개미나 꿀벌처럼 생존을 위해 자신의 번식 기회를 포기하고 여왕이 홀로 알을 낳도록 돕는 동물을 진사회성 동물이라 부른다. - 편집 주)을 발달시켰다.

게스탈트 집단은 번식에만 전념하는 한 마리의 여왕이 존재한다. 여왕을 제외한 다른 개체는 부족한 먹이를 수집하고 둥지를 보호한다. 이 전략은 빙하기가 끝난 현재에도 이어진다.

조상인 호말로케팔레와 달리, 게스탈트는 수컷에게만 머리에 '투구'가 있다. 투구의 솟은 돌기에는 강력한 독이 있어서 둥지를 노리는 포식자는 이 투구에 찔리면 꼼짝하지 못한다.

집단 내 개체 수가 늘어나면 성인 수컷과 암컷으로 이루어진 작은 집단이 독립하여 새로운 둥지를 만들기 시작한다. 구북구의 온난한 지역 강가에는 원뿔 모양의 게스탈트 둥지가 줄지어 있다.

← 여왕(A)의 몸길이는 거의 1m나 되고, 매일 하나씩 알을 낳는다. 일암컷(B)은 젊어서는 둥지 밖에서 먹이를 구하고, 나중에는 둥지로 들어와 아기들을 보살피는 데 전념한다. 여왕이 죽으면 일암컷 중 한 마리가 새로운 여왕이 된다. 어깨의 감각모가 좋지 않은 시력을 보완한다.

병정수컷의 '투구'에는 독이 있는 돌기가 나란히 돋아 있다(C). → 번식 연령이 되면 수컷은 돌기가 사라지면서(D) 동시에 몸 색깔도 어두워진다. 병정수컷은 번식수컷이 되고 나서 열흘 만에 죽는다. 적이 쳐들어오면 병정수컷은 머리를 나뭇가지에 부딪쳐 무리에게 위험을 알린다(E).

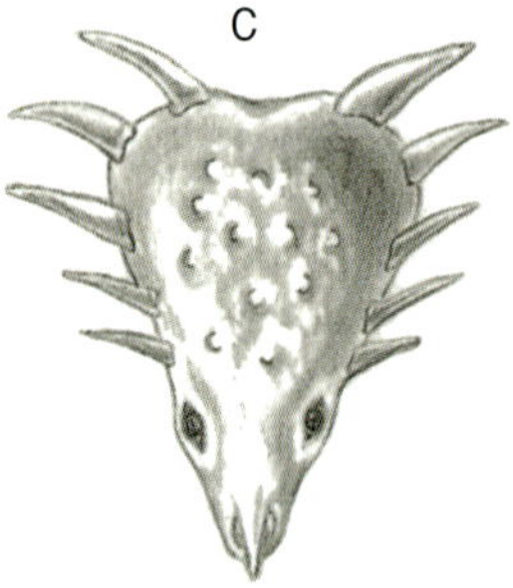

암컷은 둥지를 만들거나 고치는 일을 맡는다. 둥지는 나뭇가지와 줄기를 사용해 만든 초가집 구조이며 주로 강가에 짓는다. 기울어진 나무를 에워싸듯이 만든다. 둥지 내부에는 여러 개의 방과 방 사이를 연결하는 터널이 있다. 어느 집단이나 기본 구조는 동일하다.
↓

[루트]

호말로케팔레

← 아기를 낳는 방(F)은 햇볕을 받아 따뜻하도록 둥지 가장 꼭대기에 위치한다. 여왕의 방(G)과 육아실(H)은 그 밑에 있다. 화장실(I)은 강 바로 위이다. 먹이 저장실(J)은 나무줄기와 가까운 곳에, 나뭇가지 부분에 여섯 개의 보조 저장실(K)이 있다. 출입구는 줄기를 따라 만들어지며, 비상구도 따로 있다.

봄에는 꽃봉오리, 여름에는 어린싹, 가을에는 열매나 씨앗을 먹는다. 암컷이 먹이를 줄지어 나르고 수컷이 주위를 경계한다.
↓

구북구 | 낙엽수림·혼교림

Rubusaurus petasus

브리켓

초식

[루트]
사우롤로푸스

브리켓의 꼬리는 밑부분부터 크게 움직일 수 있다. 높은 나뭇가지의 싹을 먹을 때는 몸의 중심을 잡기 위해(A), 포식자를 발견했을 때는 동료들에게 경계 신호(B)를 보내기 위해 사용한다.
↓

A B

구북구 대륙 북서부는 낙엽수림 지대가 펼쳐진다. 바다에 인접한 이 지역은 비가 많고 온난하며, 봄·여름·가을·겨울의 계절 구분이 확실하다.

이런 환경에서 사는 대표적인 공룡이 소형 하드로사우루스류인 브리켓이다. 온몸이 털로 뒤덮이고, 뒷다리가 긴 것 말고는 백악기의 하드로사우루스류와 거의 비슷하다. 속이 빈 볏이 있는 하드로사우루스류가 백악기 때부터 이곳에서 살았고, 브리켓은 비교적 최근에야 대륙 북부에서 이주해 왔는데, 속이 비어 있지 않은 볏을 가졌다.

브리켓은 수풀 속에서 작은 집단을 이루며 산다. 한낮에는 휴식을 취하다가 이른 아침이나 저녁 무렵이면 먹이인 나무 열매를 찾아 돌아다니기 시작한다. 커다란 볏은 암컷과 수컷 모두에게 있다. 볏은 가을철 짝짓기 때에 뽐내기 용도 외에 수풀을 헤집고 다닐 때도 쓸모가 있다.

← 브리켓의 볏은 수풀을 헤집고 다닐 때 쓸모가 있고, 날씬한 몸은 나무 사이를 통과하기에 적당하다. 몸 색깔은 수풀에서 위장하기 좋다. 수풀 밖에서 위험을 감지하면 숲 깊은 곳으로 재빨리 몸을 숨긴다.

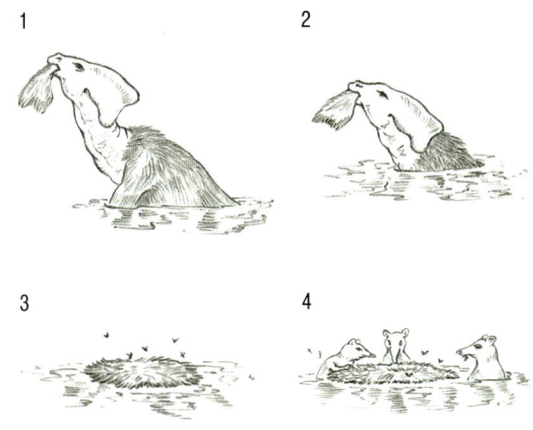

1
2
3
4

↑
수풀 속에 사는 동물들은 진드기나 벼룩 같은 기생충이 잘 들러붙는다. 기생충이 들끓게 되면 브리켓은 우선 동물에게서 빠진 털 뭉치를 주워 온다. 털 뭉치를 입에 물고(1), 꼬리부터 강물 속으로 들어간 후(2) 코만 물 밖으로 내놓은 채 천천히 몸 전체를 담근다. 기생충은 브리켓의 몸통에서 목, 머리로 이동하다가 마지막에는 털 뭉치로 모여든다. 그럼 브리켓은 털 뭉치를 버리고(3) 강물 밖으로 나온다. 강에서 몸을 담그는 의식을 마친 브리켓은 야단법석을 떨며 교미를 시작하는 경우도 많다. 즈윔은 강의 하류에서 기생충을 먹으려고 털 뭉치가 떠내려오기를 기다린다(4).

구북구 | 낙엽수림·혼교림

Naremys platycaudus

즈윔

육식

포유류는 중생대를 거치며 귀의 구조와 번식 형태에서 진화를 보였지만, 외형은 신생대에 이르러서도 트라이아스기에서 거의 변하지 않았다. 그중 흥미롭게 진화한 포유류가 즈윔이다.

즈윔은 벌레를 잡아먹는 수생 포유류이다. 몸길이는 30㎝ 정도이며, 몸길이 반 이상을 꼬리가 차지한다. 긴 꼬리와 뒷다리의 물갈퀴를 이용하여 물속을 자유자재로 헤엄친다. 코와 눈이 발달하여 강변의 낙엽 밑이나 강바닥에 있는 벌레를 잘 찾아낸다.

즈윔은 구북구, 특히 낙엽수림 지대의 강 옆의 굴에서 산다. 날카로운 이빨과 독이 든 침은 자신의 몸을 지키는 데 도움이 된다.

즈윔은 사회성이 있어서 십여 개의 굴이 가까이에 몰려 있는 경우가 많다. 브리켓이 목욕한 곳에는 떨어진 기생충을 노리는 즈윔이 모여든다.

[루트]

잘람달레스테스

즈윔은 전형적인 포유류 체형이지만 → 뒷다리의 물갈퀴와 평평한 꼬리를 사용하여 활발히 헤엄칠 수 있다. 눈이 커서 땅에서는 물론 물속에서도 잘 볼 수 있다.

구북구 | 침엽수림

Strobofagus borealis

코니터

초식

A

구북구 북부의 침엽수림 지대는 지구상에서 가장 넓다. 대륙을 횡단하여 그대로 신북구의 북부를 향해 바다를 끼고 이어진다. 침엽수림의 나무들은 솔방울 모양의 열매를 맺는데, 이를 먹이로 삼는 이 지역 유일한 대형 초식동물이 코니터이다.

코니터는 쥐라기의 얀두사우루스와 친척이지만, 조상과 달리 깃털 대신 피부밑에 두꺼운 지방을 쌓아 추위를 견딘다. 코니터는 작은 집단을 이루며 주로 솔방울과 씨앗을 먹는다. 겨울철에는 나무껍질이나 솔잎, 이끼, 지의류, 더 나아가 작은 동물들이 비축해 놓은 씨앗을 가로채 먹는 경우도 있다.

[루트]

얀두사우루스

코니터는 십여 마리가 함께 산다. 몸은 몇 겹의 주름진 두꺼운 지방으로 뒤덮여 극심한 추위도 견딜 수 있다. 주둥이로 나뭇가지나 솔방울을 따서(A) 입 안쪽의 이빨로 으깨 먹는다.

← 한 쌍의 징크스가 코니터들 속에 숨어든다(1). 분비선에서 코니터와 같은 냄새가 나기 때문에 쉽게 들키지 않는다. 징크스 한 마리가 갑자기 코니터를 습격하고, 다른 한 마리는 놀라서 어쩔 줄 모르는 코니터들과 함께 도망친다(2). 코니터들이 다시 모이면 이번에는 같이 도망쳤던 징크스가 공격한다(3).

징크스의 가는 줄무늬는 코니터의 주름을 흉내 낸 것이다. 목은 갈기 덕분에 두껍고 짧아 보인다. 코끝의 검은 무늬는 주둥이처럼 보이게 한다.

[루트]

아다사우루스

구북구 | 침엽수림

Insinuosaurus strobofagoforme

육식

징크스

침엽수림의 먹이는 종류도, 양도 많지 않다. 그래서 이 지역에는 몇몇 동물만이 살 수 있고, 그들은 모두 특별한 점을 가졌다. 그중 징크스는 코니터만 먹는 포식자이며, 그것을 위해 진화했다.

징크스는 새에 가까운 드로마에오사우루스류이다. 조상인 아다사우루스 등은 얼핏 힙실로포돈 같은 원시적인 조반류와 체형이 유사하다. 징크스의 외모는 수각류 특유의 구조를 제외하면 코니터와 똑같다. 입안에는 고기를 잘게 찢기 위한 이빨이 빼곡하게 숨어 있다. 손가락은 세 개뿐이며, 식물을 소화할 필요가 없어서 몸통이 날렵하다. 다리 구조는 드로마에오사우루스류와 트로오돈류에게만 보이는 것으로, 조반류와는 전혀 다르다.

징크스는 체형뿐만 아니라 색깔도 코니터와 똑같아서 코니터들 속에 숨어 들어가도 누구 하나 눈치 채지 못한다.

구북구 | 툰드라·고산대

Gravornis borealis

트롬블

초식

  침엽수림 지대에서 더 북쪽은 황량한 툰드라 지대가 펼쳐진다. 혹독한 추위로 침엽수조차 견디기 힘든 이곳은 짧은 풀과 이끼, 지의류 정도밖에 살지 못한다. 긴 겨울, 태양을 볼 수 있는 날이 일주일에서 한 달 정도밖에 되지 않아 식물이 자랄 수 없다. 겨울이 끝나고 태양이 비로소 떠오르기 시작하면 눈이 녹고 식물들이 일제히 자라기 시작한다. 침엽수림 지대에서 겨울을 지낸 동물들은 북상하여 짧은 여름을 툰드라 지대에서 지낸다.

  지상에 포식자가 없는 툰드라 지대는 몇 종의 지상 조류가 서식한다. 조류는 공룡보다 더 추위에 강해 이곳의 가혹한 환경을 견딜 수 있다. 트롬블은 빙하기에 나타난 거대 지상 조류이다. 툰드라 지대에서 여름을 보내는 동물 중 가장 크다.

트롬블은 넓적한 부리로 식물을 뜯어 먹은 후 모래주머니에서 으깬다. 얼음기둥 속에 작은 돌멩이들이 있기 때문에 모래주머니에 비축할 돌멩이는 금방 찾을 수 있다. 번식기인 초여름이 되면 수컷 얼굴에 장식용 깃털이 돋아난다.

트롬블의 거대한 몸은 여름에도 기온이 낮은 추운 한랭지에서 체온을 유지하는 데 적합하다. 찰싹 달라붙은 긴 깃털은 특히 침엽수림 지대에서 겨울을 나는 동안 추위를 막아 준다.

구북구 | 툰드라·고산대

Adescator rotundus

위플

초식

툰드라 지대는 짧은 여름 동안 식물뿐만 아니라 곤충도 왕성히 번식한다. 모기와 파리, 날도래 등의 검은 덩어리가 물가에서 생겨나고, 이끼나 지의류에도 톡토기나 진드기가 몰려든다. 따라서 여름이면 물가 위로 새들이 날아다니는 걸 볼 수 있다.

툰드라 지대에서 벌레를 노리는 조류 중에는 비행을 그만두고 지상의 벌레들만 노리는 것도 있다. 지상에서 사는 위플은 큰 집단을 이루어서 트롬블을 따라다니다가 트롬블이 어질러 놓은 땅바닥에서 도망 나온 곤충을 쪼아 먹는다.

트롬블은 덩치가 커서 파리나 벼룩 같은 기생충이 많이 몰려든다. 트롬블의 몸에 붙어 있는 기생충도 위플이 좋아하는 먹잇감이다.

[루트]

얀두사우루스

← 트롬블은 키가 3m이며, 다리는 나무줄기처럼 굵다. 눈이 녹아 물에 잠기는 툰드라를 큰 무리를 지어 이동하고, 북쪽으로 올라가면 알을 낳는다. 알은 금방 부화되어 새끼들도 무리와 함께 이동할 수 있다.

[루트]

얀두사우루스

툰드라에 사는 여러 종의 위플은 외형이 아주 비슷하다. 체온이 떨어지지 않도록 몸은 둥글고 목이 짧다. 가늘고 긴 다리로 습지를 걸어 다니면서 긴 부리로 벌레를 ← 잡는다.

← 위플의 긴 부리는 훌륭한 센서이며, 잘 때는 푹신한 가슴속에 보호한다. 툰드라 지대의 다른 수많은 동물과 마찬가지로 위플은 신북구의 고위도 지방에서도 산다.

구북구 | 스텝·초원

Herbasaurus armatus

타란터

초식

침엽수림 지대 바로 남쪽은 영양이 풍부하고 거무튀튀한 흙이 있는 스텝이라고 부르는 초원이다. 더 남쪽의 흙은 붉고 건조하다. 그보다 더 남쪽은 고운 모래밭이나 단단하게 굳은 점토, 바위투성이의 황무지가 동양구와 경계를 이루는 산맥까지 이어진다.

스텝에는 굴을 파고 사는 소형 포유류가 많아 흙이 늘 갈려 있다. 봄에는 갖가지 색깔의 꽃이 피고, 여름이면 벼와 같은 식물들이 이삭을 맺는다.

스텝에는 갑옷 같은 단단한 비늘로 덮인 곡룡인 타란터를 비롯해 다양한 초식동물이 산다. 갑옷을 입은 공룡류인 곡룡은 커다란 가시가 있는 노도사우루스류와 망치 같은 꼬리를 가진 안킬로사우루스류로 나뉜다. 오늘날의 곡룡 대부분은 안킬로사우루스류이다.

타란터의 조상은 백악기 후기부터 이 지역에 살면서 스텝의 발달에 맞춰 볏과의 식물을 먹을 수 있도록 이빨을 진화시켰다. 타란터의 갑옷은 조상과 마찬가지로 피부 속에 있는 뼈와 두꺼운 각질의 조합으로 생겨났으며, 코끝부터 엉덩이 꼬리 끝까지 뒤덮고 있다.

[루트] 탈라루루스

↑
곡룡의 갑옷은 원래 방어를 위한 것이다. 타란터는 옆구리에 뾰족한 가시가 나 있고, 꼬리에 망치처럼 생긴 것이 붙어 있어 방어력이 뛰어나다. 타란터의 경우 갑옷은 수분이 몸에서 달아나지 못하게 하는 중요한 역할도 한다.

↑
타란터의 머리 갑옷은 주둥이와 하나로 이어진다. 입안의 이빨로 풀을 짓이긴다.

구북구 | 사막·관목 사막

Harenacurrerus velocipes

데바릴

초식

 스텝의 한참 남쪽, 구북구 남단에 자리한 사막은 지구상에서 가장 가혹한 환경이다. 낮에는 태양이 이글거리고, 밤에는 몸이 얼어붙는 추위와 강한 바람이 황량한 대지에 불어 닥친다. 얼마 되지 않는 양의 비는 봄과 가을에만 내리고 식물도 그때만 자란다.

 이곳에 사는 초식동물의 대부분은 도마뱀 같은 변온(바깥 온도에 따라 체온이 변하는 – 편집 주) 동물이다. 신진 대사는 낮아도 에너지 효율이 높아서 식물을 일정 시기에 잔뜩 섭취해 둘 수 있다. 항온(바깥 온도와 관계없이 체온을 항상 따뜻하게 유지하는 – 편집 주) 포유류는 해 뜨는 시간과 저무는 시간에만 활동한다.

 데바릴은 이곳에 서식하는 몇 안 되는 항온 초식 동물로 해 뜨는 시간과 저무는 시간에만 활동하며 뿌리나 씨앗을 먹는다. 흙 속에 굴을 파고 생활하면서 체내 수분을 효율적으로 비축한다.

[루트] 얀두사우루스

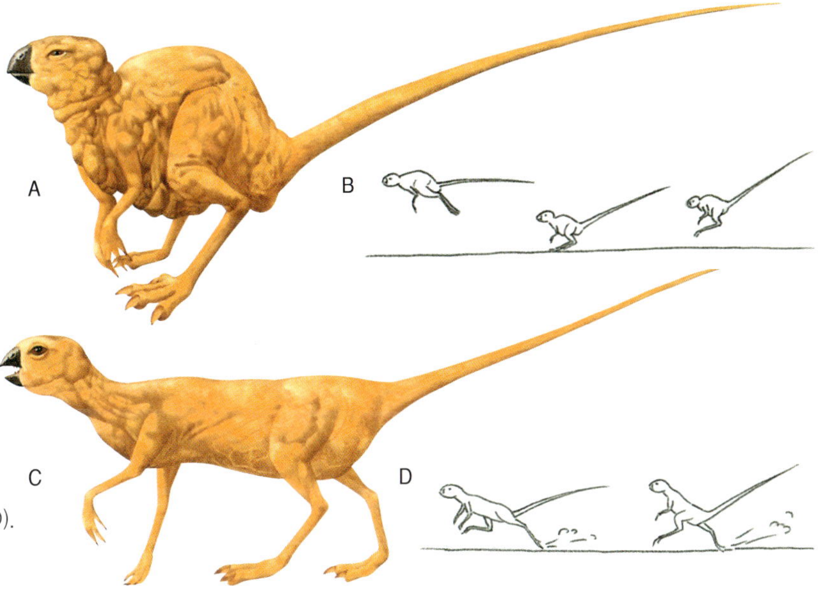

→ 몸길이가 60㎝인 데바릴은 많은 다른 소형 초식공룡과 마찬가지로 원시적인 조반류이다. 추울 때는 몸을 움츠려 열을 가두었다가(A) 폴짝 뛰며 이동한다(B). 더울 때는 몸을 펴고 열을 발산하며(C) 달려서 이동한다(D).

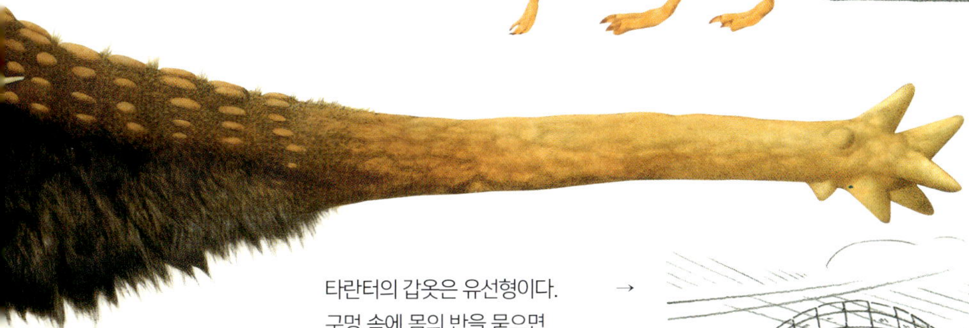

타란터의 갑옷은 유선형이다. 구멍 속에 몸의 반을 묻으면 갑옷이 사막 모래폭풍을 막아 준다.

신북구
THE NEARCTIC REALM

* * *

대륙과 북동부 섬들로 이루어진 신북구는 크게 보면 삼각형 모양이다. 남쪽의 사막 지대부터 북쪽의 북극권까지 환경이 다양하다.

가장 광범위한 곳은 빙하와 빙산으로 덮인 극권 지역이다. 거기서부터 남쪽으로 내려올수록 생물의 수도 늘어나고, 대륙의 폭이 5,000km나 되는 가장 넓은 부분에 도달한다. 대륙은 이곳을 기점으로 남쪽으로 갈수록 급격히 좁아지면서 사막을 지나 신열대구로 이어진다.

신북구는 일찍이 초대륙 로라시아의 서쪽에 해당하고, 초대륙 판게아 시대에는 로라시아와 곤드와나가 맞닿던 부분이다. 에티오피아구와 신열대구를 이루고 있던 대륙이 각각 분열함으로써 신북구를 이루는 대륙 주변에 새로운 해양이 탄생했다.

신북구의 서쪽 끝은 얕고 좁은 해협으로 구북구의 동쪽 끝과 나뉘었다. 이 해협은 과거에 몇 번이나 육지가 되었고, 그럴 때마다 구북구와 신북구 사이에서 생물 교류가 일어났다. 신북구와 신열대구도 몇 번이나 육상으로 길이 생겨나 생물 교류가 일어났다가 다시 분리되곤 했다.

신북구 서쪽에는 새로운 산맥이, 동쪽에는 오래된 산맥이 있으며, 그 사이에 초원으로 뒤덮인 평야가 펼쳐진다. 판 운동에 의해 생겨난 서쪽의 산맥은 지금도 융기(지각 운동에 의해 땅이 솟아오르는 현상 – 편집 주)하고 있으며, 지진이나 화산 활동이 활발하다.

대륙 북동부는 수억 년 전에 생겨난 암석이 돌출되었다가, 대부분이 바다에 가라앉아 무수히 많은 섬으로 변하였다. 평야인 남쪽의 절반을 가로지르며 거대한 강이 흐르고 대륙 남부의 만(灣)으로 흘러 나간다.

신북구의 기후는 얼어붙는 추운 날씨부터 뜨거운 날씨까지 다양하다. 북동부의 거대한 섬은 빙하기가 끝난 현재도 두꺼운 대륙 빙하로 뒤덮여 있고, 주변은 툰드라 지대이다. 만약 신북구와 구북구가 육상으로 연결된다 해도 이런 혹독한 환경이 생물 교류를 방해할 것이다.

툰드라 남쪽은 광대한 침엽수림 지대로 변했고, 구북구의 침엽수림 지대와 바다를 끼고 띠 모양으로 이어진다. 그 남쪽은 낙엽수림 지대이며, 대륙 동부의 오래된 산맥까지 이어진다.

대륙 서쪽의 3분의 1은 남북으로 뻗은 산맥이 몇 줄기나 포개져 있고, 그 사이에 사막과 초원이 있다. 그 동쪽, 거대한 강을 가로지르는 평야에는 온대 초원이 펼쳐진다. 강 주변에 긴 풀들이 빽빽하게 자란다. 서쪽 산맥 지역은 건조한 기후로 짧은 풀들이 듬성듬성 자라고 있다. 거대한 강이 바다에 도달하는 대륙 남동쪽 끝의 저습 지대에서 물가 환경에 적응한 독특한 공룡들을 볼 수 있다.

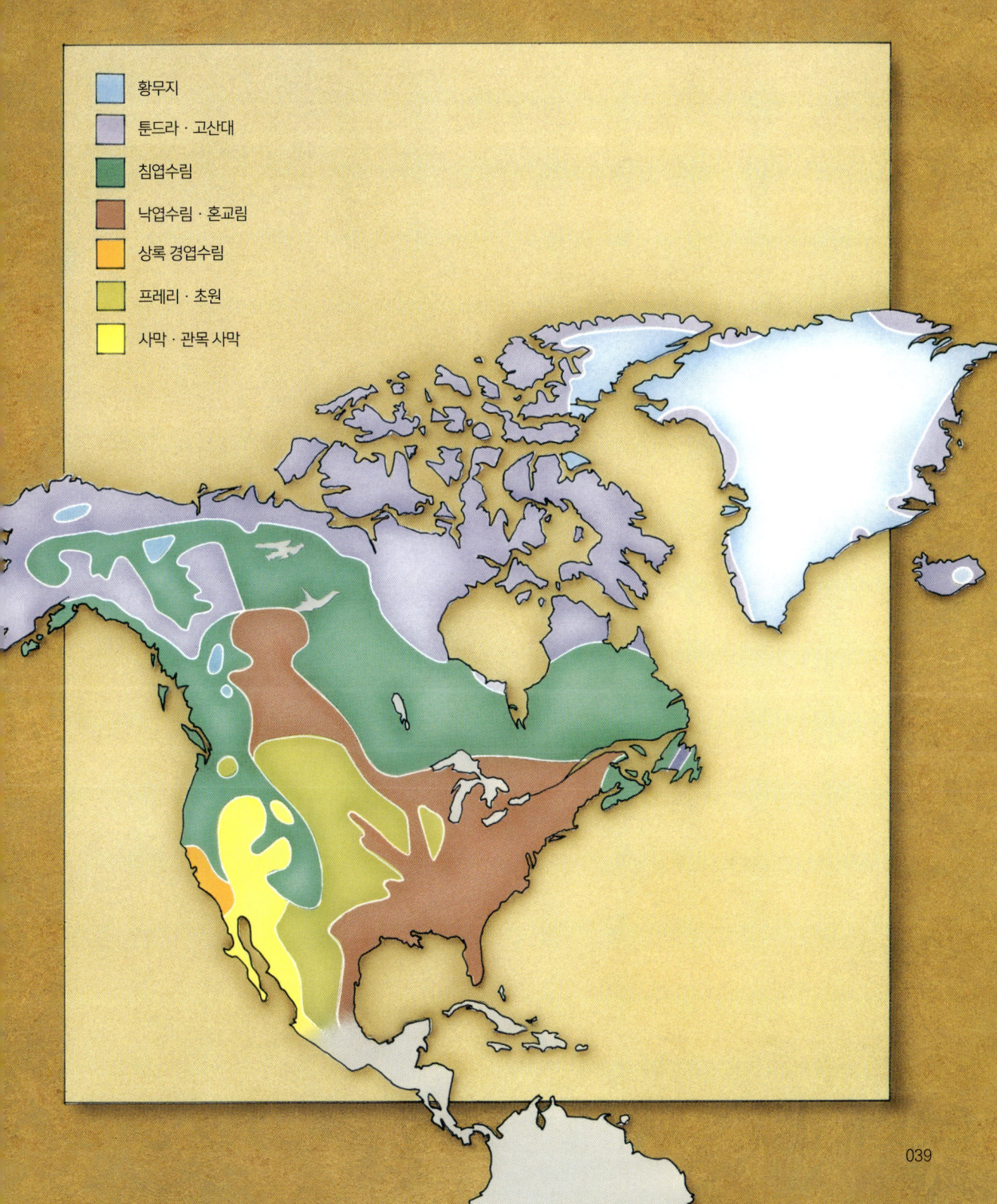

신북구 | 프레리 · 초원

Family sprintosauridae

스프린토사우루스

초식

대륙 중앙부의 평원에서 가장 수가 많은 초식공룡은 하드로사우루스류에서 진화한 스프린토사우루스류이다. 하드로사우루스처럼 스프린토사우루스는 '볏 없는 것'과 '볏 있는 것'으로 나뉜다.

볏 있는 것은 대륙 서부의 고지대 초원에서 살며 선인장 아래의 잡초나 짧은 풀을 먹는다. 짝짓기하는 밤이면 수컷과 암컷은 속이 빈 볏을 관악기처럼 연주하며 구애를 한다. 볏에서 빈 공간의 점막은 건조한 공기를 폐로 보내기 전에 습기를 보충해 준다.

볏 있는 것의 조상은 파라사우롤로푸스의 종이고, 볏 없는 것의 조상은 에드몬토사우루스의 종이다. 주둥이와 턱, 이빨의 구조는 조상과 거의 다르지 않다. 나뭇잎을 먹지 않게 된 까닭이다. 날씬한 네 다리는 탁 트인 장소에서 포식자로부터 재빨리 도망칠 때 유용하다. 길어진 얼굴은 풀 속에 얼굴을 파묻고 있을 때도 주위를 살필 수 있다.

완전한 사족보행이라 균형을 잡기 위한 꼬리가 필요 없다. 볏 있는 유형은 꼬리가 퇴화해 사라졌지만, 볏 없는 유형 중에서는 긴 풀 초원에서 신호를 주고받기 위해 꼬리가 깃대(깃털의 줄기 – 편집 주)로 변하기도 했다. 두 종 모두 초원에서 무리 지어 행동한다.

볏 없는 스프린토사우루스류는 평야를 흐르는 긴 강의 범람원에서 깃대를 들고 산다. 무리 지어 행동하는데, 긴 풀 초원에서는 풀 위로 솟아오른 깃대가 물결치는 것처럼 보인다. 포식자의 공격을 받으면 무리는 뿔뿔이 흩어진다. 그럼 포식자는 수많은 깃대 앞에서 허둥거린다.
↓

← 볏의 모양은 종에 따라 달라 서로를 구분하는 데 유용하다. 배의 닻 같은 것(A), 날개 모양으로 펼쳐진 것(B), 문손잡이 모양의 돌출된 것(C) 등 다양하다.

[루트]
파라사우롤로푸스*
(볏 있는 유형)

*볏 없는 유형의 조상은 아나토사우루스.

← 하드로사우루스류는 이족보행과 사족보행 둘 다 가능했지만(D), 사족보행의 비율이 늘어나(E) 스프린토사우루스에 와서는 완전한 사족보행이 되었다(F). 네 다리는 조상보다 날씬해졌고, 꼬리는 균형을 잡는 기능을 잃고 퇴화하거나 깃대로 변했다.

신북구 | 프레리·초원

Monuncus cursus

노스클로

육식

풀 속을 조용히 걷는 노스클로. 노스클로 몸의 줄무늬가 풀과 같은 노란색으로 변한다. 풀숲에 무시무시한 포식자가 숨어 있다고는 아무도 눈치채지 못한 스프린토사우루스들이 유유히 풀을 뜯어 먹고 있다. 노스클로는 스프린토사우루스 무리에 천천히, 조금씩 접근한다. 갑자기 주위를 둘러보던 스프린토사우루스 수컷이 풀숲 속의 적을 발견한다. 나팔소리 같은 경계음이 올려 퍼지고 스프린토사우루스 무리는 흩어져 도망친다. 노스클로는 풀숲에서 뛰어나와 무리 중 움직임이 느린 스프린토사우루스를 향해 돌진한다. 그리고 어디로 도망쳐야 할지 몰라 망설이는 어린 스프린토사우루스를 쫓아가 오른쪽 긴 발톱을 사용해 쓰러트린다. 모래먼지와 뜯겨 나간 풀이 공중에 날리는 가운데, 노스클로가 마지막 일격을 가하고 사냥감의 배를 가른다. 그리고 식사를 한다.

[루트]
노트로니쿠스

노스클로는 테리지노사우루스의 후손이지만 조상보다 훨씬 더 기민하게 움직이며 먹이를 사냥한다. 조상의 긴 발톱은 오른손 하나에만 남았다.

신북구 | 프레리·초원

Monocornus occidentalis

모노콘

초식

스프린토사우루스류만이 프레리에서 풀을 뜯어 먹는 것은 아니다. 튼튼한 대형 초식동물도 그곳에서 산다. 시커멓고 거대한 무리가 풀을 뿌리째 뜯어먹으며 이동한다.

거대한 모노콘은 신북구에서 여전히 번성한 각룡(뿔룡) 중 하나이다. 모노콘의 모습은 조상인 몬타노케라톱스와 많이 달라 보이지만, 몸의 기본 구조는 거의 변하지 않았다. 차이는 모노콘의 생태가 반영된 결과이다. 모노콘 떼는 풀을 뿌리째 다 먹어치우기 때문에 늘 먹을 것을 찾아 이동해야만 한다. 그래서 조상과 비교해 네 다리가 가늘고 길어졌다. 머리 표면은 단단한 비늘 대신 뿔과 한 몸이 된 두꺼운 각질로 뒤덮여 있다. 코 위의 뿔은 모노콘의 강력한 무기이다.

오늘날 구북구에서 볼 수 있는 몇 종의 케라톱스류는 신생대에 들어서 이주한 것이며, 백악기 후기 종의 후손은 아니다.

[루트]
몬타노케라톱스

수컷끼리 우두머리 자리를 놓고 다툴 때는 상대를 다치게 하지 않으려고 뿔이 아닌 긴 장식깃을 이용해 밀어붙인다.

신북구 | 툰드라·고산대

Nivesaurus yetiforme

발라클라브

초식

[루트]

테스켈로사우루스

대륙 서쪽 3분의 1을 차지하는 산맥은 백악기 후기에 들어서면서부터 형성되었다. 쥐라기에는 사바나, 백악기에는 다습한 숲이었으나, 지금은 빙하와 눈으로 뒤덮인 바위투성이의 산맥으로 바뀌었다.

발라클라브의 크기는 조상인 테스켈로사우루스와 같지만, 추위에 견딜 수 있게 꼬리가 짧아지고 아담한 체형으로 변하였다. 조상에게 물려받은 털은 훨씬 더 촘촘해졌고, 열을 보호하기 위한 두꺼운 피하지방이 몸을 감싸고 있다.

↑
발라클라브는 산맥의 꼭대기 부근에서 가족 단위로 생활한다. 이런 곳의 먹잇감은 이끼류와 지의류 같은 빈약한 것뿐이지만 그래도 생존하기에는 문제없다.

← 펼쳐진 꽁지깃의 꼬리와 넓적한 발가락은 빙하 위에서 몸을 지탱하는 데 도움이 된다. 긴 손톱으로 눈을 파고, 부리와 납작한 손톱을 이용해 이끼를 긁어 먹는다.

↑
마운틴리퍼는 산꼭대기나 능선을 재빠르게 이동할 수 있다. 바위 위를 뛰어다닐 때는 꼬리로 균형을 잡는다.

[루트]
알바레즈사우루스류

신북구 | 툰드라·고산대

Montanus saltus

육식

마운틴리퍼

코엘로사우루스류의 지능은 다양한 환경에 적응하기 위해 발달했다. 마운틴리퍼의 큰 뇌는 먹잇감인 새나 소형 포유류를 쫓아 얼어붙은 설원이나 바위 위를 뛰어다니는 데 필요한, 재빠른 판단력을 갖추고 있다. 체형은 조상과 다르지 않다. 두꺼운 털은 보온력이 뛰어나 극한의 산꼭대기에서도 체온을 유지할 수 있다. 머리부터 허리까지 길이는 1m 정도. 상당히 긴 꼬리와 날씬한 다리, 긴 털까지 합치면 실제보다 커 보인다. 작은 무리를 이루며 살고, 수컷이 사냥을 담당한다.

↑
수컷 마운틴리퍼는 사냥을 나가지 않을 때는 여럿이 주위를 경계한다. 날씨가 좋을 때는 탁 트인 경사면에서 일광욕을 하는데, 이때 새나 익룡에게 공격당하기 쉽기 때문이다.

스프린지는 현재 살아 있는 공룡 중 가장 교활하다. 백악기 당시 가장 지능이 높았던 조상의 특징을 고스란히 물려받았다. 높은 지능을 활용하여 효율적인 사냥을 한다.

[루트]
사우로르니토이데스

신북구 | 혼교림-습지

Necrosimulacrum avilaquem

스프린지

육식

　스프린지는 신북구 남부의 델타(삼각주. 강이 바다로 들어가는 어귀에, 강물이 운반한 퇴적물로 이루어진 편평한 지형 —편집주) 지대에 산다. 조상인 백악기의 사우로르니토이데스와 크기나 체형은 같지만, 머리뼈의 좌우 폭이 넓어 조상보다 훨씬 큰 뇌를 가지고 있다. 집게발가락에는 조상과 마찬가지로 큰 갈고리발톱이 있어서 이것으로 사냥감을 찔러 죽인다. 창백하고 분홍빛을 띠는 피부와 윤기 없는 칙칙한 털의 조합은 몹시 징그럽게 보인다.

↑
스프린지는 높은 지능을 활용해 죽은 척하며 사냥감을 포획한다. 물가의 진흙 위에서 아무렇지 않게 머리와 꼬리를 뒤집어 드러눕는다. 뒷다리도 딱딱하게 굳은 것처럼 보이게 한다.
사체처럼 보이기 위해 배를 부풀리고 썩은 냄새도 풍긴다(1). 사체라고 생각한 새나 익룡이 먹으러 다가오면 갈고리발톱으로 찔러 잡는다(2).

↑ 이른 아침과 저녁 무렵이면 탁 트인 습지나 호수 위를 선회하는 새와 익룡 떼를 볼 수 있다. 시프트는 날개가 길어서 멀리에서도 새와 쉽게 구별된다.

[루트]

프테로닥틸루스

↑ 시프트는 델타의 얕은 물가에서 작은 동물과 식물을 먹는다. 가늘고 긴 턱을 사용하여 새우나 갯지렁이, 작은 물고기를 잡는다.

신북구 | 혼교림-습지

Pterocolum rubicundum

육식

시프트

　신북구 대륙의 남쪽 해안부터 남서쪽 해안에 걸쳐 넓게 자리한 해안선에는 델타와 습지, 파도가 치지 않는 만(灣)이 이어진다. 이 지역은 온난 다습하여 다양한 동식물이 서식한다. 조류와 익룡이 특히 많고, 수초를 먹는 것, 잠수하여 물고기를 잡는 것, 진흙탕에 빠진 작은 동물을 부리로 쪼는 것 등 사냥법도 다양하다.

　시프트는 길게 뻗은 두 뒷다리로 물가를 걸어 다닌다. 얕은 물가에 무리를 지어 살며, 물가를 돌아다닐 때는 긴 날개를 접어둔다. 날개는 하늘을 날 때뿐만 아니라 사냥할 때도 사용한다. 날개를 펼쳐 햇빛이 수면에 닿지 못하게 함으로써 빛의 반사로 생기는 수면의 반짝거리는 현상을 막는다. 주식은 흙탕물 속에서 사는 곤충과 갑각류이다. 가늘고 긴 턱에 빗처럼 가지런히 나 있는 이빨을 이용하여 물속을 떠다니는 조류를 여과한 후 먹기도 한다.

↑
노거의 손가락은 손을 제외한 팔길이와 비슷할 만큼 길다. 긴 손가락을 구멍에 집어넣고 애벌레를 파낸다.

[루트]
키로스테노테스

신북구 | 낙엽수림·혼교림

Reminsidius jacksoni

트리파운스

육식

다른 대륙과 마찬가지로 신북구의 숲에는 아브로사우루스류가 많다. 노거 같은 벌레잡이 동물, 열매를 먹는 동물, 그리고 트리파운스 같은 육식동물이다.

트리파운스는 머리부터 허리까지 길이가 70㎝이다. 다른 종보다 큰 만큼 그리 민첩하게 나뭇가지 위를 이동하지 못한다. 대신 나뭇가지 사이로 쏟아지는 햇살과 거의 구분이 안 되는 털의 무늬와 잠복 기술로 약점을 보완한다.

신북구 | 낙엽수림·혼교림

Picusaurus terebradens

노거

육식

노거는 나무 안에 있는 갑충의 애벌레만을 먹이로 삼는다. 나무줄기에 구멍을 뚫기 위한 턱과 구멍에서 벌레를 파내기 위한 긴 손가락을 가졌다. 나무에 구멍을 뚫는 동안 뒷다리와 꼬리로 몸을 단단히 받친다. 만약 공룡이 중생대에 멸종됐다면 아브로사우루스류의 생태적 지위는 조류가 되었을 것이다. 강한 부리와 벌레를 파내기 위한 긴 혀를 가진 새가 노거를 대신했을 것이다.

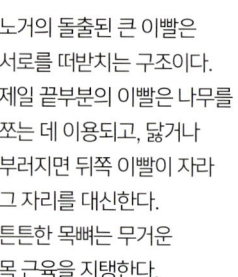

→
노거의 돌출된 큰 이빨은 서로를 떠받치는 구조이다. 제일 끝부분의 이빨은 나무를 쪼는 데 이용되고, 닳거나 부러지면 뒤쪽 이빨이 자라 그 자리를 대신한다. 튼튼한 목뼈는 무거운 목 근육을 지탱한다.

[루트] 오르니토미무스

트리파운스는 사냥 시 주로 청각에 의존한다. 귓구멍 주위에 소리를 모으기 위한 긴 털이 나 있다. 이는 소형 포유류에게 잘 나타나는 특징이다.

신북구 | 낙엽수림·혼교림

Currerus elegans

푸틀

육식

숲에는 벌레를 잡아먹는 소형 아브로사우루스류가 많다. 지상과 나무 위 곤충을 먹는 것은 짧고 튼튼한 턱을, 흙 속의 애벌레나 지렁이를 파내어 먹는 것은 가늘고 긴 턱을 가지고 있다. 머리 외에는 모든 게 흡사하다. 푸틀은 전형적인 가늘고 긴 턱을 가진 소형 아브로사우루스류이다. 50㎝ 정도의 몸길이 대부분을 긴 꼬리가 차지한다. 체중이 몹시 가벼워 움직임도 날렵하다.

[루트] 오르니토미무스

← 푸틀은 긴 다리로 큰 나뭇가지 사이를 뛰어서 이동한다. 발가락이 가늘고 길어 가지 끝을 단단히 붙잡을 수 있다. 다양한 종류의 푸틀이 신북구의 숲에 서식한다.

신열대구
The Neotropical Realm

* * *

하나의 큰 대륙처럼 보이는 신열대구는 북서부의 좁은 육지를 통해 신북구와 연결된다. 대륙은 적도를 지나 남북의 길이가 약 8,000km에 이르며, 북반구 쪽 열대 지역부터 남극권까지 이어진다. 적도 남쪽 바로 아래에서 대륙의 폭은 최대 5,500km에 달한다.

대륙 최남단은 섬들이 남극 대륙까지 드문드문 있다. 남극 대륙에는 극히 소수의 동물만 있어 독자적인 동물지리구로 다루지 않는다.

신열대구의 대륙은 원래 초대륙 곤드와나의 일부로, 동해안의 형태는 백악기에 분열한 에티오피아 대륙 서해안과 정확히 맞춰진다.

신북구의 대륙과는 분열하는 중이며, 경계 지역은 활발한 지각 변동이 일어나고 있다. 따라서 경계 지역은 수많은 섬과 연결 육로가 만들어졌다가 다시 바다 밑으로 가라앉는 일이 발생하고 있다. 현재 경계 지역 서쪽은 신북구와 연결 육로가 있고, 동쪽은 화산 열도가 있다.

대륙 동쪽의 오래된 산맥은 과거 에티오피아구에서 분열할 때 생긴 대지구대 서쪽 윗부분의 흔적이다. 서해안을 따라 이어지는 산맥은 판 운동에 의해 새로 생겨났다. 현재도 활발히 융기하고 있으며 화산 활동도 볼 수 있다.

신열대구와 신북구를 연결하는 육로는 산맥의 끝부분에 해당한다. 두 개의 커다란 강이 있고, 그중 하나는 세계에서 면적이 가장 넓다.

신열대구 북부의 환경 대부분은 열대이다. 수천 종의 나무가 자라고, 동물들은 다양한 나무 위에서 생활한다. 지표면에는 다양한 곤충과 그들을 먹는 동물이 산다.

대륙 남부의 초원은 팜파스라고 부르며, 열대부터 온대, 한대까지 아우른다. 신열대구는 오랫동안 고립되었고, 그로 인해 팜파스에는 독자적으로 진화한 공룡들이 살았다. 하지만 신북구와 육로로 연결된 지금은 대부분이 멸종되었고, 대신 신북구에서 온 공룡의 후손들이 그 자리를 차지했다.

신북구와 연결된 육로는 대륙 서쪽 산맥의 일부이다. 신열대구로 온 신북구의 동물들은 모두 산악 지대에 사는 종류이며, 그들 중 신열대구의 삼림과 초원에 적응한 것들이 나왔다. 서쪽 산맥에는 세계에서 가장 큰 익룡이 살고 있다.

대륙의 남부, 서해안을 따라 나 있는 산맥 동쪽에는 사막이 있다.

신열대구 | 열대우림

Filarumura tuburosta

판가룬

육식

판가룬의 몸을 덮은 비늘은 원시적인 공룡의 몸을 뒤덮고 있던 비늘과 확실히 다르다. 털이 붙어 판 모양이 되고 그것들이 다시 겹쳐진 형태이다. 원시적인 공룡 중에서 비늘을 깃털로 변화시킨 것이 나타났고, 신생대에 접어들면서 깃털이 모피로 변했다. 그리고 모피를 가진 공룡 중 털이 변화한 비늘의 형태가 나타난 것이다.

판가룬은 흰개미를 먹던 알바레즈사우루스류 중에서 특수하게 변한 것이다. 신생대 들어 엄청나게 번식한 개미를 먹이로 삼기 위해 이빨이 잔뜩 박혀 있던 긴 턱은 긴 관 모양의 입으로 변했다. 털이 변화한 비늘은 개미들의 공격에서 몸을 확실히 지켜준다. 입안에는 표면이 끈적거리고 자유자재로 늘어나는 긴 혀가 있다. 관 모양의 입을 개미집 안에 밀어 넣고 혀로 개미를 잡는 것이다. 앞다리의 가운뎃발가락에는 커다란 갈고리발톱이 있어서 이것으로 개미집을 부순다. 얼굴 윗부분의 콧구멍은 개미의 공격을 막기 위해 닫을 수 있다.

A

판가룬은 끈적끈적한 혀를 개미집 안에 밀어 넣는다(A). 촘촘히 포개진 판 모양의 비늘은 개미뿐만 아니라 포식자로부터 몸을 보호한다. 꼬리는 배의 노처럼 되어 있고(B), 몸의 아래쪽으로 말려 연약한 복부를 지킨다.

[루트]
알바레즈사우루스류

B

신열대구 | 열대우림-소택지

Fluvisaurus hauristus

워터걸프

초식

[루트]
힙실로포돈

무거운 늑골은 몸이 제멋대로 뜨지 않게 한다. 부력을 조절하려고 돌을 먹기도 한다.

신열대구를 흐르는 거대한 강에는 아주 많은 작은 강이 흘러들고, 다양한 수생 생물이 산다. 강변은 온통 초록의 숲으로 둘러싸였다.

강의 식물을 먹는 동물 중에서도 큰 것이 워터걸프이다. 몸길이는 2.5m이며, 조상은 힙실로포돈이다. 조상의 날쌘한 뒷다리는 지느러미 모양으로 변해 물속에서 몸을 안정적으로 움직이기 위해 쓰인다. 조상과 마찬가지로 앞다리의 발가락을 자유롭게 움직일 수 있고, 두 개의 발톱을 이용하여 강바닥 진흙에 붙은 식물의 뿌리를 파낸다. 단단한 작대기 모양의 꼬리는 헤엄칠 때 추진력을 발생시키기 위해 유연하고 폭넓은 지느러미 모양의 꼬리로 변했다.

뒷다리와 꼬리는 지느러미 모양이다. 눈과 코는 머리 위쪽에 있고, 폭이 넓은 주둥이로 수초를 뜯어 먹는다. 몸의 표면에 사는 기생·공생 동물은 옆구리에 붙은 말(물속에 사는 꽃을 피우지 않는 식물을 일컫는다. - 편집 주)이나 헤집어진 진흙 속의 작은 생물을 먹는다.

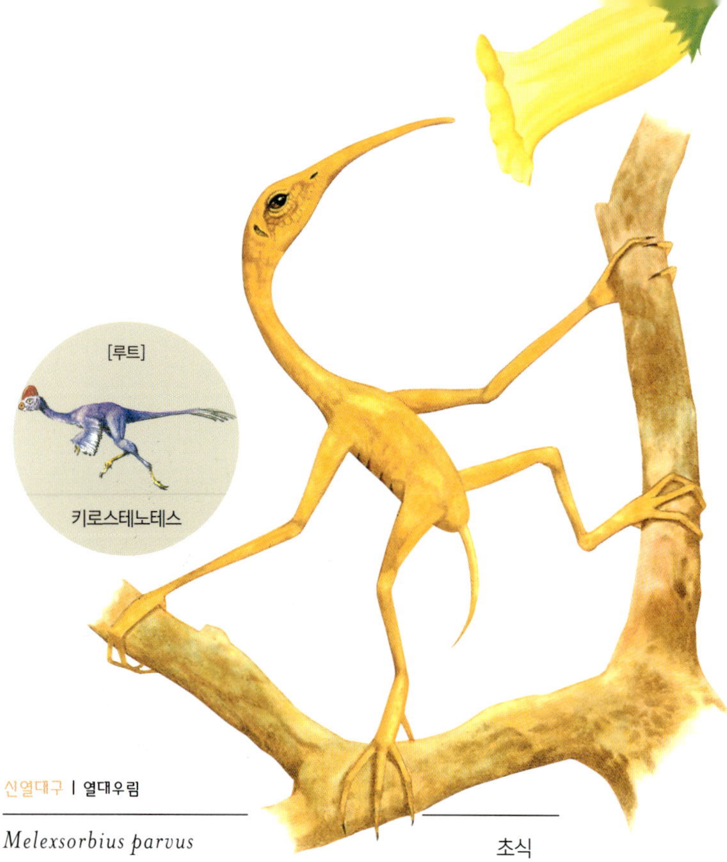

[루트]

키로스테노테스

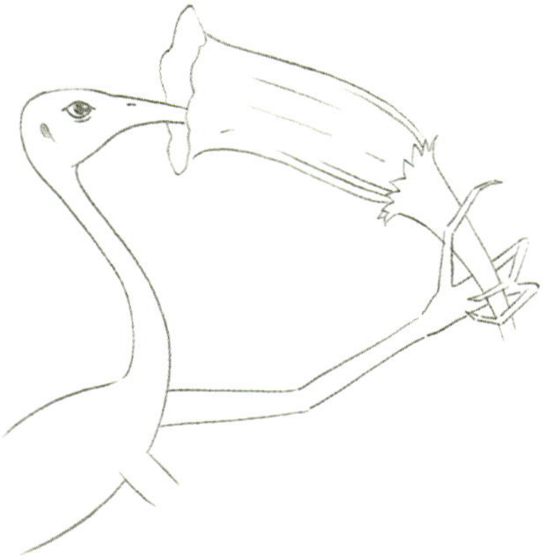

← 김프는 꿀을 빨 때 나비와 벌처럼 자신도 모르는 사이 꽃가루를 운반한다. 꿀을 소화하는 데에 복잡한 소화기관은 필요 없어서 몸통이 작다.

신열대구 | 열대우림

Melexsorbius parvus

초식

김프

신열대구의 숲은 적도 주변의 다른 열대림과 마찬가지로 다양한 생물의 보금자리이다. 항상 기온이 높고 매일 비가 내리기 때문에 좁은 지역에 수백 그루의 나무가 밀집해 있다. 바람이 잘 통하는 나뭇가지 끝에는 다양한 아브로사우루스류가 곤충을 노리고 모여든다. 신열대구의 나무 위에 사는 동물은 다른 지역의 동물보다 몸집이 작다.

아브로사우루스류 중에는 벌레를 잡아먹지 않게 된 것도 있다. 몸길이가 20㎝도 채 되지 않는 김프는 꽃의 꿀만 먹는다. 신축성 있는 긴 혀와 관 모양의 입은 판가루와 흡사하다. 오랜 시간이 지나면서, 키로스테노테스의 주둥이가 관 모양의 입으로 변했다.

↑
스케일리글라이더는 복부의 근육이 늑골에 붙어 있기 때문에 깃털 모양의 비늘은 거의 움직이지 않는다. 안쪽의 화려한 색깔을 보이거나 숨기는 정도다.

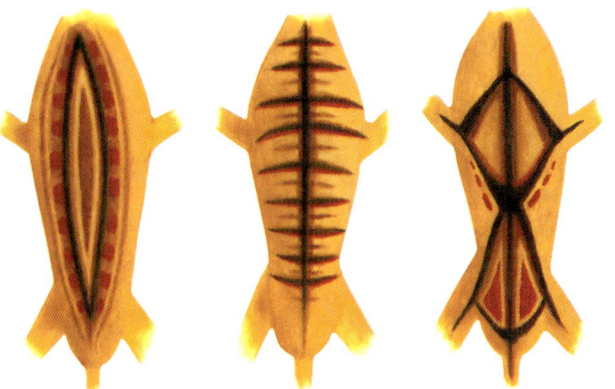

↑
김프는 종마다 다른 꽃의 꿀을 먹기 때문에 입 모양이 미세하게 다르다. 등 문양을 보면 한눈에 종의 차이를 알 수 있다.

산열대구 | 열대우림

Pennasaurus volans

스케일리글라이더

초식

하늘을 나는 스케일리글라이더는 쥐라기에 출현한 조류를 제외하면, 3억 년 정도 되는 공룡의 역사 속에서 가장 작다. 스케일리글라이더는 신생대에 들어 번성한 나비를 먹기 위해 공중 생활에 적응했다. 꽃에 모여든 나비의 바로 옆까지 날아가 뾰족한 입으로 재빨리 나비를 잡아먹고 그 자리에서 소화한다.

열대우림은 큰 나뭇가지와 작은 나뭇가지가 복잡하게 뒤엉켜 있어, 동물들은 나뭇가지에서 나뭇가지로 조심스럽게 뛰어넘어야 한다. 이런 환경에서는 활공하는 생물로 진화하기 쉽다. 스케일리글라이더는 몸 좌우의 돌출된 날개 모양의 비늘로 활공한다. 비늘은 나무껍질 위에서 쉴 때 보호색 역할도 한다. 비늘 겉면은 칙칙한 색이지만 안면은 화려한 색이다.

[루트]
도마뱀류

↑
몸길이는 30cm. 날개 모양의 비늘을 펼치면 폭이 25cm 정도이다. 공룡 중에서 가장 작고 가볍다.

신열대구 | 초원-팜파스

Turtosaurus armatus

터토사우루스

초식

백악기 말에는 세계 여러 곳에서 티타노사우루스류의 용각류가 서식했다. 현재도 티타노사우루스류는 살아남았지만, 하드로사우루스류가 번성하지 못한 장소들뿐이다. 백악기 말 무렵, 신열대구에도 신북구에서 하드로사우루스류가 침입했지만, 신열대구를 지배할 만큼의 수는 아니었다.

티타노사우루스류는 용각류 중 유일하게 갑옷을 발달시켜 온 그룹이다. 그중에서도 신열대구에는 신제3기에 침입해 온 육식동물에 대항하기 위해 곡룡 못지않게 훌륭한 갑옷을 발달시킨 공룡이 나타났다. 대표적인 게 터토사우루스이며 코끝부터 꼬리 끝까지 튼튼한 갑옷으로 덮여 있다. 이빨이 퇴화한 대신 날카롭게 변한 입 끝의 갑옷 테두리로 풀을 잘라 먹는다.

[용각류의 진화]

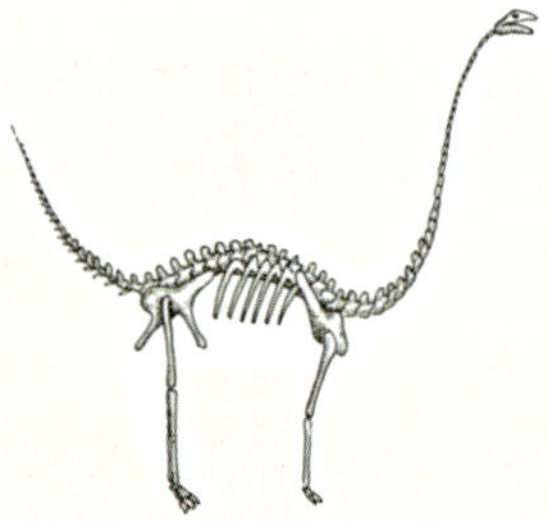

용각류의 크기는 다양하다. 특히 백악기가 되면서 몸길이 10여 미터의 것이 많이 나타났다. 신생대 들어 팜파스에 나타난 날씬한 형태의 용각류는 다리가 상당히 빠르다.

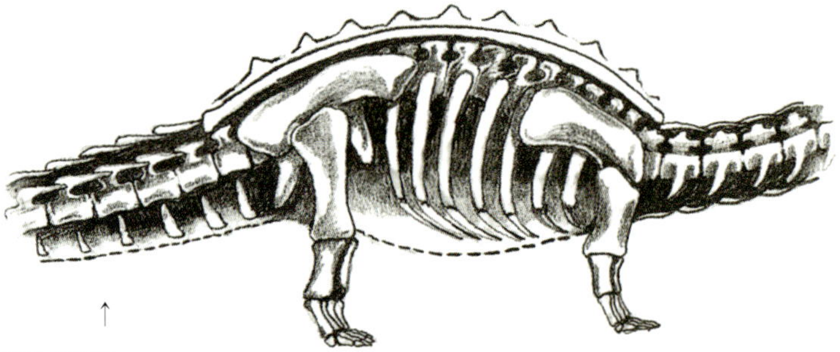

↑
갑옷으로 무거워진 체중을 지탱하기 위해 견갑골과 골반이 커졌다. 갑옷이 없는 부분은 몸을 웅크려서 보호한다.

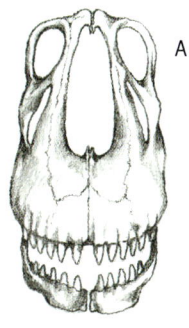
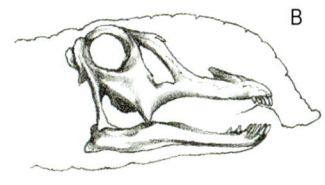

↑
긴 목과 코를 가진 럼버는 움직이지 않고 제자리에서도 넓은 부위의 풀을 먹을 수 있다. 이빨은 입 끝부분에 있다(A). 코의 근육은 두골에 뚫린 콧구멍 양옆에 부착되어 있다(B). 코는 풀을 잡아 뜯는 역할을 하기도 해서 식사할 때 방해되지 않는 곳에 콧구멍이 나 있다(C).

신열대구 | 초원-팜파스

Elephasaurus giganteus

초식

럼버

신열대구의 용각류는 고립됐던 동안 넓어진 초원에 적응했다. 신제3기에는 달리기하는 주행성(走行性) 용각류가 번성했지만, 270만 년 전에 이동해 온 발 빠른 육식공룡에게는 대적하지 못하고 멸종되었다.

살아남은 것들은 다른 방법으로 포식자에게 대항했다. 그중에서 중장갑으로 변한 것이 터토사우루스이고, 몸의 크기에 의존한 것이 럼버이다. 40m를 자랑했던 백악기의 용각류와는 비교가 안 되지만, 그래도 몸길이 25m의 럼버는 현존하는 공룡 중 크기가 가장 큰 편에 속한다. 피부가 두껍고 단단하여 보통의 수각류는 쉽게 접근하지 못한다.

신열대구 | 초원-팜파스

Caedosaurus gladiadens

커틀라스투스

육식

270만 년 전, 신열대구와 신북구가 화산섬에 의해 연결되자 수많은 생물이 신북구에서 신열대구로 침입했다. 신열대구는 그전까지 오랫동안 고립된 상황이었고, 초원이 생긴 것 외에는 특별한 환경 변화도 일어나지 않았다. 따라서 신열대구의 생물들은 특별히 진화할 일이 없었다.

반면, 신북구의 생물은 수백만 년에 걸쳐 구북구 생물의 침입과 다양한 기후 변화의 영향을 받았다. 신북구의 생물들은 신열대구로 침입한 후 재빨리 환경에 적응하였고 원래 신열대구에 살던 생물의 자리를 차지했다.

원래부터 신열대구에서 번성했던 계통 중 커틀라스투스는 오늘날까지 살아남았다. 과거 티라노사우루스류가 그랬던 것처럼 노아사우루스도 머리가 작고 날씬한 소형에서 머리가 크고 다부진 대형으로 진화했다. 커틀라스투스는 팜파스에 많았던 주행성 용각류를 공격했고 그들이 멸종하자 럼버 같은 움직임이 느린 것들을 공격하였다. 커틀라스투스는 발달한 거대하고 날카로운 이빨로 럼버를 공격한 후 출혈 과다로 죽기를 기다린다.

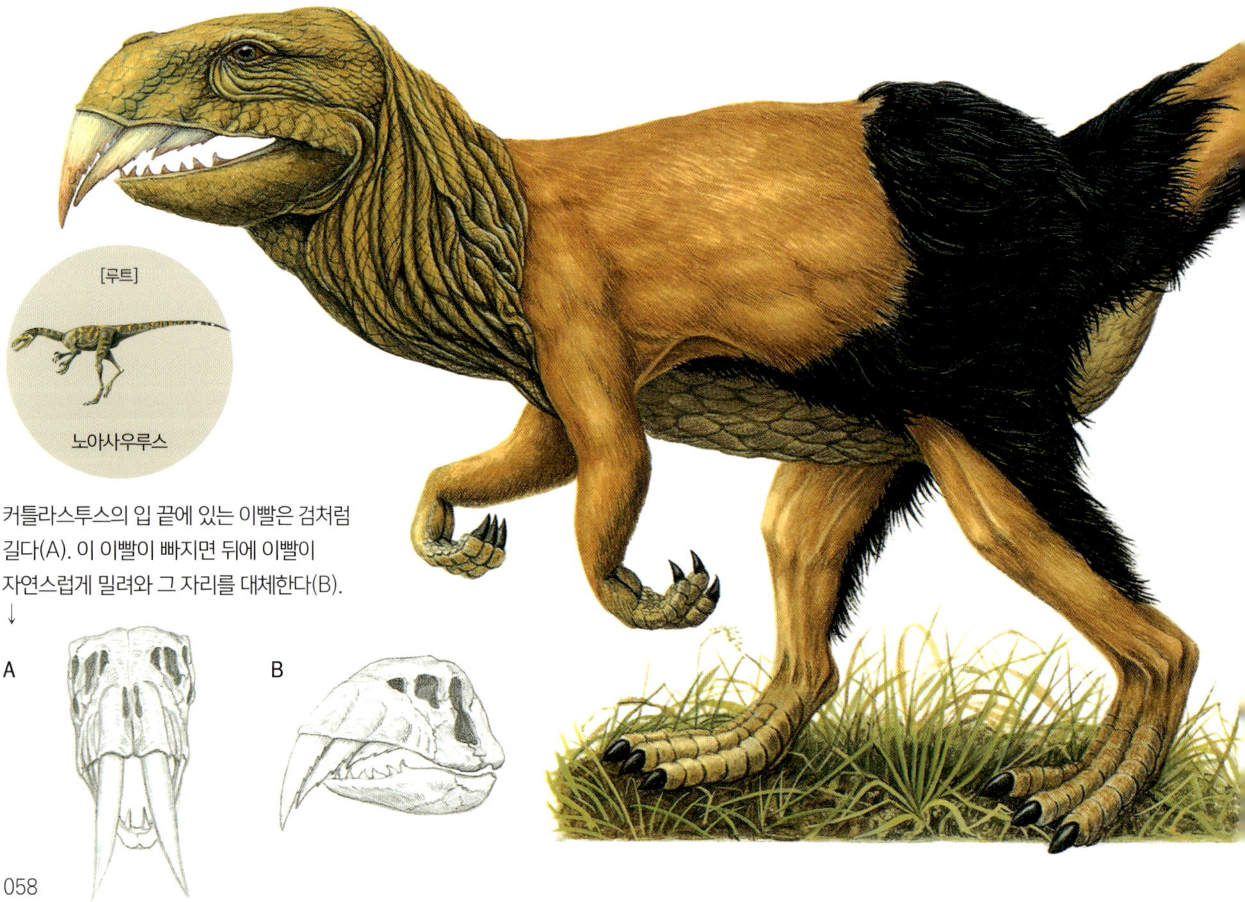

[루트]
노아사우루스

커틀라스투스의 입 끝에 있는 이빨은 검처럼 길다(A). 이 이빨이 빠지면 뒤에 이빨이 자연스럽게 밀려와 그 자리를 대체한다(B).
↓

A   B

신열대구 | 초원-팜파스

Ganeosaurus tardus

구르망

육식

백악기에 곤드와나를 중심으로 크게 번성했던 아벨리사우루스류 가운데 일부는 백악기 후기에 로라시아로 침입했지만, 결국 티라노사우루스류와의 경쟁에서 밀려 멸종됐다. 하지만 구르망은 생태가 너무 달라서 경쟁하지 않고 살아남았다.

구르망은 지금까지 출현한 수각류 중 큰 편에 속하는데, 몸길이가 17m나 된다. 앞다리는 퇴화했고, 견갑골과 늑골도 사라졌다. 청소동물인 구르망은 초원을 어슬렁거리며 사체를 찾아다닌다. 늑골이 없어 식사할 때는 아래턱이 관절에서 벗어나기 때문에 커다란 고깃덩어리도 한입에 삼킬 수 있다. 구르망은 일단 먹이를 삼키면 소화를 위해 며칠 동안 그 자리에 눕는다. 이때 몸을 뒤덮은 갑옷이 다른 육식동물의 공격을 방어한다.

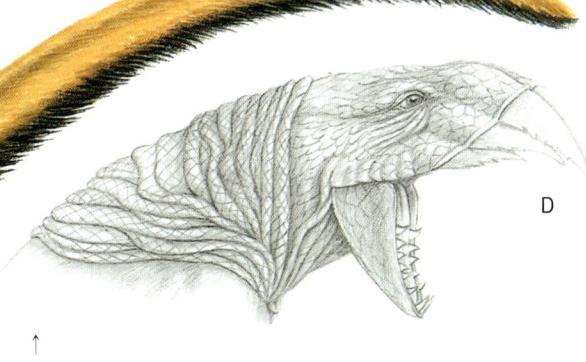

↑
커틀라스투스는 사냥할 때 4~5마리가 함께 사냥감의 옆구리를 물어뜯고(C), 출혈 과다로 죽을 때까지 기다린다. 턱을 크게 벌리고 사냥감을 향해 위턱 전체로 달려든다(D). 윗니에는 톱 모양의 돌기가 있어서 아랫니와 함께 살을 찢거나 씹을 때 유용하다.

[루트]

아벨리사우루스류

↑
구르망은 움직임이 둔하지만, 커틀라스투스와 같은 육식공룡으로부터 몸을 방어할 수 있는 갑옷을 둘렀다.

[루트]
노아사우루스

신열대구 | 황무지-산악 지대

Harundosaurus montanus

디프

육식

신열대구 서부에는 남북으로 뻗은 대산맥이 있다. 디프는 이 산맥 서쪽에서 어류만을 먹고 산다. 가늘고 긴 머리뼈와 긴 목은 어딘지 모르게 멸종된 스피노사우루스와 비슷하지만, 디프는 커틀라스투스처럼 노아사우루스의 후손이다.

서식지는 조상과 마찬가지로 산악 지대이며, 긴 털이 추위를 막아 준다. 턱엔 길고 가느다란 이빨이 촘촘히 박혀 있다. 디프는 조상과 마찬가지로 다리가 상당히 빠르다. 바위 위를 날듯이 달려 대형 조류나 익룡의 공격에서 도망친다.

↑ 인내심이 강한 디프는 물고기를 오랫동안 기다릴 수 있다. 사냥감과의 거리를 정확히 포착하고 미끄러지는 물고기를 가는 이빨로 단단히 잡아챈다.

[루트]
오르니토케이루스

하리단은 산악 지대에서 →
기류를 타고 잘 날아다니며,
지상에서는 두 발로 걷는다.

↑ 하리단이 날개를 펼치면 폭이 5m나 된다. 뒷다리의 피막은 비행 상태를 조절하는 데 이용된다.

하리단은 여러 각도를 보는 입체적인 시력을 갖고 있어서 먼 아래쪽의 사냥감도 정확히 포착할 수 있다.

신열대구 | 황무지-산악 지대

Harpyia latala

하리단

육식

대륙 서쪽의 대산맥 주변에는 계곡과 경사면에서 불어오는 상승 기류가 소용돌이친다. 하리단의 날개에는 집게손가락과 가운뎃손가락에도 피막이 있다. 하리단은 이것으로 다른 익룡보다 날개 주위의 공기 흐름을 잘 조절할 수 있고, 산악 지대의 복잡한 기류 속에서도 자유롭게 날아다닌다. 앞쪽을 향한 눈과 부리 끝의 이빨을 보면 마치 포유류의 얼굴 같다.

하리단은 산꼭대기 부근에서 무리를 짓지 않고 살면서 1년에 두 마리의 새끼를 키운다. 뛰어난 시력의 소유자답게 수백 미터 아래의 능선을 뛰어다니는 작은 동물들을 먹잇감으로 삼는다.

동양구
The Oriental Realm

* * *

동양구는 에티오피아 대륙 동부에 위치한 거대한 섬을 제외하면 동물지리구 중에서 가장 작은 구에 해당한다. 동양구는 인접한 다른 동물지리구의 요소가 복잡하게 뒤섞여 있다.

동양구는 지리적으로 구북구와 같은 대륙 일부를 포함한다. 동양구에는 정글로 뒤덮인 거대 반도가 있고, 거기에서부터 오스트레일리아구 방향으로 화산섬이 줄지어 놓여 있다.

동양구의 최대 평야는 서쪽에 있는 삼각형 모양의 거대 반도이다. 이 반도는 원래 초대륙 곤드와나의 일부였고, 구북구를 이루는 대륙과 충돌했을 때 동양구와 구북구의 경계가 되는 거대 산맥을 만들었다. 반도의 서쪽에는 넓게 자리 잡은 사막이 에티오피아구로 이어진다.

동양구의 남동부는 오스트레일리아구까지 섬이 드문드문 흩어져 있는데, 다양한 동물들이 나무에 올라타거나 직접 헤엄쳐서 이동하고, 또 바다 수면이 내려가 육지와 연결됐을 때 이동하기도 한다. 이렇게 생물이 오가기 때문에 동양구와 오스트레일리아구의 경계는 명확히 구분되지 않는다.

서쪽의 거대 반도는 3,000만 년 전에 대륙과 충돌 시 그 사이에 있던 해저가 표고(바다의 면이나 어떤 지점을 정하여 수직으로 잰 일정한 지대의 높이 – 편집 주) 8,000m 이상까지 치솟아 세계에서 가장 높은 산맥이 되었다. 충돌의 영향은 반도 동쪽까지 미쳐 동양구의 또 다른 거대 반도와 오스트레일리아구까지 이어지는 화산 열도를 만들어 냈다. 이 지역에서는 현재도 활발한 지각 변동이 일어난다.

산맥과 화산섬으로 구성된 환경은 동양구의 특징이다. 동양구는 다양한 동물지리구의 생물이 교류하는 장소이다. 서쪽의 반도에는 낙엽수림과 드문드문 관목과 초원이 있고, 곤드와나 대륙에서 유래한 동물들이 살고 있다. 구북구와 에티오피아구에서 침입한 동물도 발견된다.

거대 산맥에서 흘러내려 온 강은 널찍한 만(灣)으로 쏟아져 하구 근처에서 큰 숲을 포함한 델타를 형성한다. 바닷물이 섞인 하구 일대에는 소금기에 강한 식물인 맹그로브 숲이 펼쳐진다. 여름에는 바다에서 습한 바람이 불어와 삼림 지대에 대량의 비가 내리고, 겨울에는 내륙에서 건조한 바람이 불어온다. 숲과 해안의 델타 지대에는 에피오티아구와 구북구, 오스트레일리아구에 조상이 있는 공룡들이 살고 있다.

신북구와 경계를 이루는 산맥에서 초원과 툰드라가 발견되지만 산에서 몇 킬로미터만 내려가면 열대우림과 긴 풀 초원, 대나무 숲을 볼 수 있다.

에티오피아구와의 경계는 사막으로 이루어진다. 건조한 환경에 적응한 공룡들이 바로 옆의 숲으로 이동하기 쉽다.

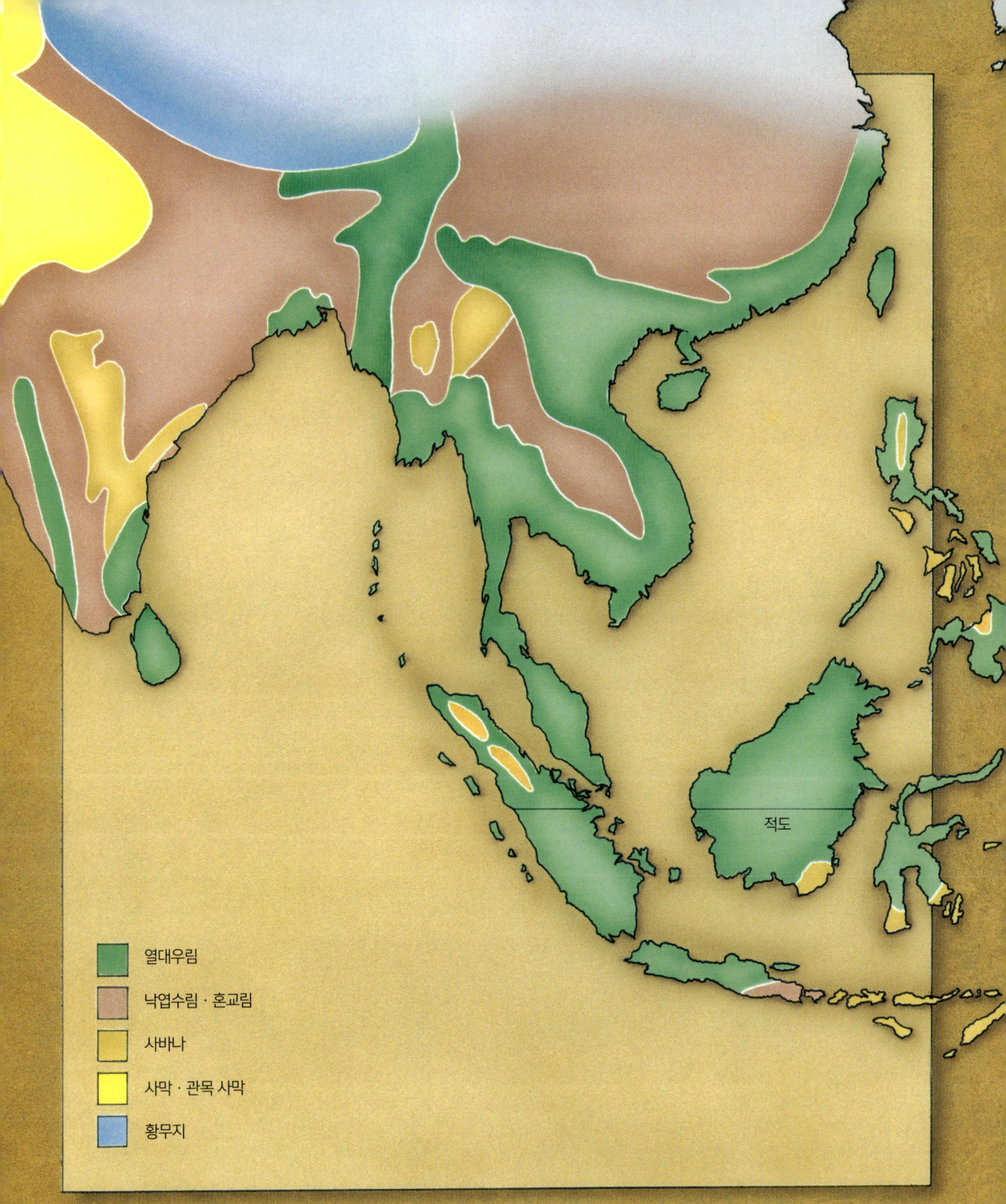

동양구 | 사바나-초원

Gregisaurus titanops

라자펀트

초식

탁 트인 장소에서는 포식자인 다양한 조류와 익룡이 공격해 온다. 이들은 땅 위에서 움직이는 모든 것을 공격한다.

고제3기 동안 길이 3,000km, 폭 2,500km 이상 되는 곤드와나의 삼각형 조각은 테티스해를 가로질러 북동쪽으로 이동, 최종적으로 구북구를 이루는 대륙과 충돌했다. 이 충돌로 지구 최대의 산맥이 생겨나 장벽이 만들어지고, 곤드와나에서 유래한 생물들은 거대한 삼각형 반도에서 살게 되었다.

라자펀트는 럼버와 함께 현재 지상에서 가장 큰 동물이며, 반도 한복판의 평원에서 작은 집단을 이루며 산다. 모습은 백악기의 티타노사우루스류에서 그리 변하지 않았지만, 나뭇잎뿐만 아니라 풀도 먹을 수 있게 진화하였고 복잡한 사회 구조도 발달시켰다.

조상과 마찬가지로 넓은 입으로 한번에 많은 풀을 뜯어 먹을 수 있다. 풀은 그대로 1m 정도 되는 거대한 모래주머니 속으로 보내져서 그 안에 든 돌멩이가 부순다.

[루트]
자이노사우루스

↑ 라자펀트 집단 내에는 엄격한 사회 구조가 존재한다. 우기에 초원을 이동할 때 그것이 분명하게 드러난다. 가장 나이 많은 수컷이 맨 앞에서 이끌고, 나머지 수컷들은 그 주위를 감싼다. 암컷들은 새끼들을 에워싼다.

← 라자펀트는 새끼들을 보호하기 위해 원을 만든 후, 포식자에게 긴 목과 이빨, 채찍 같은 꼬리로 대항한다.

065

[루트]
에쿠이주부스

← 하누한은 가족 단위로 생활한다. 고도 4,000m 에서는 먹잇감이 적기 때문이다. 긴 작대기 같은 꼬리로 균형을 잡고 바위 위를 뛰어다닌다.

동양구 | 황무지-산악 지대

Grimposaurus pernipes

하누한

초식

하누한은 발라클라브와 외형은 비슷하지만, 원시적인 하드로사우루스류인 에쿠이주부스를 조상으로 한다. 곤드와나 분열 당시 섬대륙에 남겨지지 않고 구북구에서 이 가혹한 산악 지대로 찾아온 듯하다. 두꺼운 지방층이 몸을 추위에서 보호하고, 강인한 발톱과 튼튼한 부리로 바위틈의 이끼와 얼마 안 되는 고산식물을 뜯어 먹는다. 뇌가 발달하여 몸의 균형을 유지하는 능력이 탁월하다.

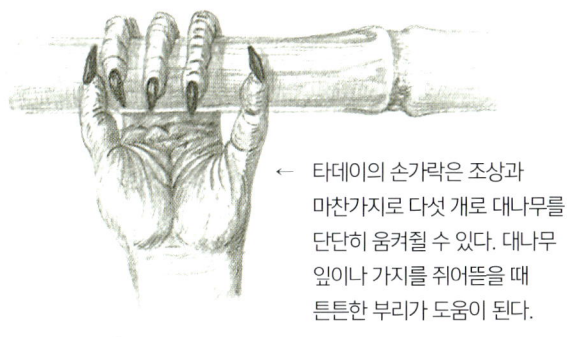

← 타데이의 손가락은 조상과 마찬가지로 다섯 개로 대나무를 단단히 움켜쥘 수 있다. 대나무 잎이나 가지를 쥐어뜯을 때 튼튼한 부리가 도움이 된다.

동양구 | 열대우림-산악 지대

Sphaeracephalus riparus

넘스컬

초식

　동양구와 구북구를 나누는 산맥은 현재도 활발히 솟아오르며 지구에서 가장 깊은 계곡을 만들었다. 이곳을 흐르는 강 근처에는 식물이 풍부하고 다양한 생물이 살고 있다. 흔히 볼 수 있는 것은 파키케팔로사우루스류인 넘스컬이다. 넘스컬은 게스탈트와 달리 백악기 조상의 모습을 거의 그대로 물려받았다. 가족 단위로 생활하고, 수컷이 교대로 우두머리를 맡는다. 길고 튼튼한 꼬리가 무거운 머리와 균형을 잡아준다.

[루트]

에쿠이주부스

동양구 | 황무지-산악 지대

Multipollex moffati

타데이

초식

　고도 4,000m부터 안개가 자주 끼는 2,000m 사이의 경사면은 기후가 온화하여 식물이 풍부하다. 진달래나 철쭉 같은 관목림과 대나무 숲이 많다. 이 주변의 가장 큰 동물인 타데이는 대나무만을 먹고 산다. 타데이는 하누한의 친척이지만 움직임이 대단히 둔하다. 대나무 숲마다 몇 가지 종과 아종(종을 세분화한 생물 분류 단위 - 편집 주)이 나뉘어 산다. 대나무 숲은 집단으로 서식하는 포식자가 없어서 느린 타데이도 충분히 살아갈 수 있다.

신생대에 파키케팔로사우루스류는 전 세계에 퍼져 살았다. 넘스컬처럼 모습이 백악기 때와 거의 변하지 않은 것도 있다. ↓

[루트]

완나노사우루스

→ 트리웜의 눈은 여러 각도에서 목표물을 포착한다. 그리고 긴 목을 재빨리 늘려 작은 동물을 잡는다.

→ 쉴 때는 나뭇가지 위에 담쟁이 덩굴처럼 납작 엎드려 있거나 대롱대롱 매달려 있다. 다리 안쪽은 미끄러짐을 방지하기 위한 비늘이 덮여 있다.

동양구 | 열대우림

Arbroserperus longus

육식

트리웜

[루트]

가루디무스

동양구의 낮은 지대 대부분은 열대림을 이룬다. 열대림의 여름은 바다에서 습한 바람이 불어와 우기가 되고, 겨울은 내륙에서 건조한 바람이 불어와 건기가 된다. 삼각형 모양의 반도 남서쪽의 섬은 습한 바람이 바다에서 1년 내내 불어온다. 따라서 비가 많이 내리고, 열대우림이 발달했다. 이곳은 나무 위에서 사는 생물이 많으며 그중엔 다수의 트리웜도 있다.

나무 위에 사는 트리웜은 에티오피아구에서 구멍을 파고 사는 웜의 후손이다. 서쪽에 있는 사막 지대에서 동양구로 침입했다. 트리웜은 가늘고 긴 유연한 몸과 뒷다리를 활용해 나무 위로 올라간다. 트리웜은 열대우림의 나무 위에서 곤충이나 소형 척추동물을 잡아먹는다.

동양구의 열대우림에서는 트리웜의 종류를 많이 볼 수 있다.

↑ 플러리트의 피막으로는 익룡처럼 자유롭게 날 수 없어도, 어느 정도 거리는 활공할 수 있다. 식사할 때는 피막을 접는다.

↑ 플러리트는 머리부터 꼬리뼈까지 30cm밖에 되지 않을 정도로 상당히 작다. 피막 안쪽은 밝은 색인데, 적을 위협할 때 이용된다.

[루트] 비로노사우루스

← 두뇌가 발달하여 비행 시 자세를 제어할 수 있다.

동양구 | 열대우림

Labisaurus alatus

플러리트

육식

　다른 열대림처럼 동양구의 열대림에서도 나무 위에 사는 동물을 볼 수 있다. 그들 대부분은 아브로사우루스류이다.

　동양구의 동쪽으로 뻗어 있는 화산 열도에는 곤충을 먹는 플러리트가 산다. 계통은 다르지만 백악기의 이(*Yi*)의 무리와 닮았다. 플러리트는 나무 위에서 날아 사냥감을 잡는다. 비로노사우루스 같은 트로오돈류 중에서도 피막으로 활공하는 것이 나타난 것이다. 팔과 긴 꼬리로 방향을 조정하고, 나무에서 나무로 날아간다. 피막이 필요 없을 때는 접어둘 수 있다. 다른 아브로사우루스류와 마찬가지로 긴 손가락으로 나무의 뚫린 구멍에서 벌레를 파내 먹는다. 섬마다 다른 종의 플러리트가 서식하며 몸의 문양으로 구분할 수 있다.

수면에 그림자를 드리운
파라소의 모습이 마치 우산을
쓰고 있는 것처럼 보인다.

[루트]

프테로닥틸루스

동양구 | 혼교림-소택지

Umbrala solitara

파라소

육식

구북구와의 경계에 해당하는 대산맥에서 대량의 눈 녹은 물이 흘러내려 동양구에는 광대한 열대 습지와 델타 지대가 생겼다. 맹그로브 숲은 해안 근처의 물가에 발달하는데 이곳에서는 원래 건조한 지내에서 사는 동식물들도 함께 발견된다. 바닷물이나 민물에서 살 수 있는 수생 동물과 그들을 노리는 다양한 조류와 익룡이다.

개펄과 습지에서 사냥을 하는 파라소는 날개를 펼쳤을 때 폭이 3m 정도이며, 신생대의 익룡과 마찬가지로 긴 뒷다리로 이족보행을 한다. 날개의 복잡한 문양은 적의 눈을 현혹하는 데 유용하다. 파라소는 물가에서 사냥할 때도 날개를 사용한다. 날개로 그늘을 만들어 수면 위 햇빛의 반사를 막는다. 사냥감을 쉽게 찾는 동시에 시원한 장소를 만들어 물고기를 유인하는 것이다.

← 얕은 물가를 돌아다니면서 날개로 그늘을 만든 후 시원한 곳을 찾는 물고기들을 유인한다. 그림자가 생겨서 수면을 들여다보기도 쉽다.

파라소는 다른 익룡과 달리 단독으로 사냥한다(A). 가늘고 긴 턱에는 얇고 날카로운 이빨이 줄지어 있어서(B) 미끈한 물고기를 단단히 물 수 있다.

동양구 | 혼교림-소택지

Litasaurus anacrusus

글러브

육식

맹그로브 숲을 구성하는 식물은 만조 때는 바닷물에 잠긴다. 또 물가의 진흙이 단단하지 않아 맹그로브 숲의 식물은 진흙 속에 깊게 뿌리를 내리고, 호흡뿌리라고 하는 뿌리의 일부가 지상에서 산소를 빨아들인다.

맹그로브 숲 주변의 물속에는 다양한 식물과 그들을 먹는 동물이 산다. 그중 큰 종이 글러브이며, 신열대구의 워터걸프와 외모가 비슷하다.

둘 다 백악기의 원시적인 소형 조반류에서 진화했지만 친척 관계는 아니며, 비슷한 환경에 적응한 결과 비슷한 형태가 된 것이다. 글러브가 먼저 나타났으며 뒷다리는 완전히 사라진 상태였다. 글러브의 몸길이는 2m 정도이다. 몸과 꼬리를 꿈틀거리며 헤엄치고, 앞다리로 방향을 잡는다.

[루트]
힙실로포돈

글러브의 몸 구조는 수중 생활에 잘 적응되어 있다. 앞다리의 긴 발톱으로 식물의 뿌리를 파낸다.

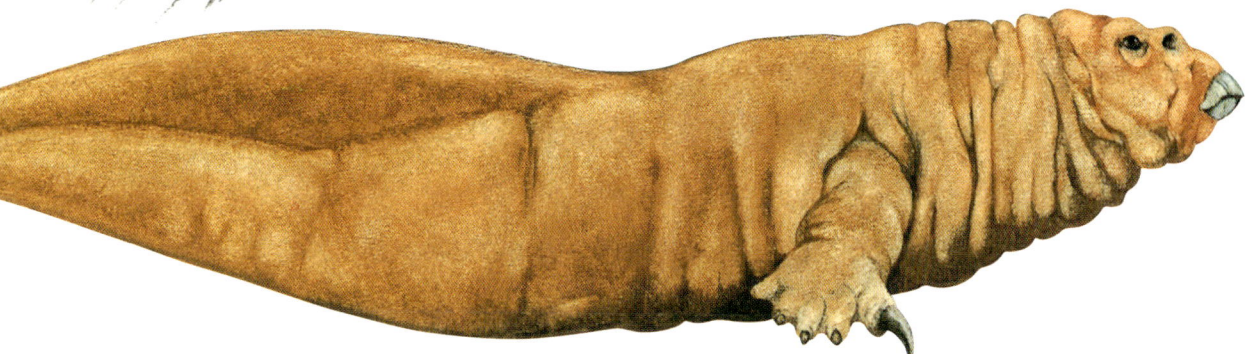

오스트레일리아구
The Australasian Realm

* * *

에티오피아 대륙 동쪽의 거대한 섬을 제외하면, 오스트레일리아구는 가장 고립된 동물지리구이다. 대부분을 차지하는 폭 3,500km의 섬대륙과 그 주변 섬들이 오스트레일리아구이다. 동쪽의 큰 섬은 하나의 작은 동물지리구를 구성할 정도로 대륙보다 더 고립된 환경이다. 북쪽의 섬은 동양구에서 뻗어 나온 화산 열도와 인접한다.

오스트레일리아구를 구성하는 대륙은 원래 초대륙 곤드와나의 일부였다. 백악기 중기 무렵에 현재의 남극 대륙 부분과 분리되었고 계속 북상하여 남극권에서 열대 위도까지 이동했다.

이 대륙의 생물은 다른 지역과 교류가 거의 없었다. 따라서 곤드와나의 살아남은 후손인 이곳의 생물들은 곤드와나 분열 후 크게 변한 대륙의 환경에 적응하면서 매우 독특한 진화를 이루었다.

섬에서 섬으로 옮겨갈 수 있는 동양구와 인접한 곳에선 생물 교류도 일어났다. 대륙의 동쪽과 북쪽은 판 운동에 의한 압력으로 생겨난 섬들이 줄지어 늘어선 열도를 이룬다.

또 판 운동에 의해 이 대륙의 유일한 산맥도 생겨났다. 산맥은 대륙의 동쪽을 따라 남쪽에 있는 섬에서 북부의 반도까지 뻗어 있다.

대륙의 대부분은 표고 300m 정도의 광대한 대지이다. 북쪽의 큰 섬은 곤드와나의 파편과 판 운동에 의해 지하에서 솟구친 암석, 즉 화산 활동으로 생겨난 암석이 뒤섞여 있다.

이 대륙은 적도 남쪽을 따라 뻗은 사막대에 위치한다. 대륙의 한복판은 사막이고, 그 주위를 건조한 초원이 에워싼다. 사막과 오아시스에 각각 특유의 공룡들이 살고 있다.

해안가, 그중에서도 대륙 북부는 바다에서 습한 바람이 불어와 온난다습하고 계절 변화가 적은 땅이다. 북부의 삼림은 열대 정글이고, 동쪽의 산맥과 해안을 따라 유칼립투스 숲이 보인다. 숲에는 주로 식물을 먹는 잡식 공룡과 독성이 있어서 다른 동물이 회피하는 유칼립투스 잎만을 골라서 먹는 공룡이 있다.

북쪽의 섬들은 따뜻한 바다에 둘러싸여 무성한 열대림이다. 대륙 동쪽의 섬도 다습한 기후이다. 다양한 숲과 초원이 펼쳐져 있고 나무의 싹을 먹고 걸어다니는 지상 익룡이 있다. 이 익룡은 에티오피아구의 지상을 걷는 것과 별개로 진화한 것이다.

주변에 흩어진 섬들은 편의상 오스트레일리아구에 포함된다. 대부분은 화산섬이고, 과거에는 날 수 있었던 동물들이 살고 있다.

오스트레일리아구 | 관목림·긴 풀 사바나-호수

Cribrusaurus rubicundus

크리브럼

초식

오스트레일리아 대륙의 동쪽은 산맥에서 내륙으로 흐르는 강이 드문드문 있다. 우기에 접어들면, 강은 간혹 사막에 호수를 만들고 그곳에선 조류(藻類)와 갑각류가 폭발적으로 번식한다.

이것을 먹이로 삼는 것이 몸길이 2m 정도 되는 크리브럼이다. 기본 외형은 백악기에 오스트레일리아 대륙에서 살았던 원시적인 카쿠루이다. 그러나 입이 훨씬 길어지고 바늘 같은 이빨 수천 개가 가지런히 놓여 있다. 이빨을 사용하여 호수와 델타 지대의 늪, 물속의 먹이를 걸러내는 것이다.

크리브럼의 몸 색깔은 먹이를 얻는 장소에 따라 다르다. 피부나 털이 민물에서는 밝은 회색, 염분 섞인 호수에서는 밝은 분홍색이다. 호수의 조류 색소가 그대로 크리브럼의 몸에 섞여든 것이다.

크리브럼은 얕은 하천에 다리 하나로 서서, 원을 그리듯 머리를 흔들어 물을 퍼 올린 후 가느다란 이빨을 사용해 먹이만 걸러낸다.
↓

[루트]
카쿠루

↑ 염분 섞인 호수 주변에는 포식자가 적다. 포식자가 느린 크리브럼 곁으로 다가오면 무리는 사방팔방으로 물보라를 일으키며 흩어진다. 물보라는 가림막 역할을 하여 포식자의 시야를 가린다.

오스트레일리아구 | 관목림·긴 풀 사바나·강

Saccosaurus spp.

포우치

육식

물고기를 주식으로 하는 스피노사우루스류는 백악기 중기 무렵에 멸종되었지만, 그 후 다양한 그룹의 공룡이 물고기를 잡아먹는 종으로 진화했다.

오스트레일리아 대륙의 하천에는 몇 종의 포우치가 살고 있다. 포우치는 물과 육지 모두에서 살 수 있지만 땅 위를 걷는 것보다 물 위를 헤엄치거나 강바닥까지 잠수하는 것을 더 선호한다. 부력을 가진 몸, 큰 머리, 물갈퀴는 지상 활동을 하기에 불편하기 때문이다. 강가에 있으면 공격당하기 쉽다. 집은 홍수 때도 침수되지 않을 높이에 진흙과 나뭇가지로 짓는다. 새끼의 체형은 지상에 사는 것과 동일하며, 부모와 똑같은 몸이 될 때까지 부모 곁에서 헤엄치는 연습을 한다.

물속에서는 줄무늬의 꼬리를 흔들며 헤엄치기 때문에 수면 위에 있을 때보다 더 우아하게 보인다. 물갈퀴가 있는 뒷다리로 힘껏 물을 헤치며 옆구리 아래에 있는 막으로 방향을 잡는다. 잡은 물고기는 지상으로 돌아올 때까지 턱 아래의 주머니에 모아둔다.

↑ 포우치는 잡은 물고기를 턱 아래에 있는 주머니에 모아두고, 그대로 보금자리로 돌아와 새끼들에게 나눠 준다.

오스트레일리아의 강에는 몇 종의 포우치가 공존한다. 이들은 꼬리의 문양으로 같은 종인지를 서로 알아본다. ↓

뒷다리의 물갈퀴와 옆구리 아래의 키잡이 막을 이용하여 헤엄치고 잠수하여 물고기를 잡는다. ↓

[루트]

카쿠루

오스트레일리아구 | 사막 · 관목 사막

Gryllusaurus flavus

그와나

초식

　오스트레일리아의 내륙은 몹시 건조하다. 약 3분의 2 정도가 사막이거나 건조한 초원이다. 이 환경에서 사는 동물들 가운데 가장 큰 것이 그와나이다.

　그와나의 조상은 백악기 중반 이 근처에서 살았던 아틀라스콥코사우루스이다. 다른 지역에서는 이구아노돈류가, 이어서 대체하듯이 하드로사우루스류가 번성했다. 하지만 오랫동안 고립된 환경이었던 이 대륙에서는 원시적인 소형 조반류의 계통이 초원에 적응하여 살아남았다. 이곳의 풀은 영양이 그리 풍부하지 않아 그와나는 작은 집단을 이루고 신선한 풀을 찾아 초원을 이동한다. 그와나는 조상의 체형을 그대로 물려받았다. 휴식할 때나 먹이를 먹을 때는 네 발로, 이동할 때는 두 발로 걷는다. 두 발로 걸을 때는 무거운 꼬리로 상체의 균형을 잡는다.

그와나의 몸길이는 3m 정도이다. 4~5마리의 성체와 몇 마리의 새끼들이 집단을 이룬다. 몸 색깔이 모래 색깔과 같아 사막에서 위장하기 좋다. 수풀 속에서 딩검 등의 포식자를 발견하면 점프한다. 옆구리의 줄무늬를 같은 무리에게 보여주며 경고하는 것이다.
↓

[루트]
아틀라스콥코사우루스

↑
입 끝이 조상과 달리 넓적하다. 밝은 색깔의 볏은 번식기에 이성의 주의를 끈다. 엄지손가락의 뾰족한 발톱은 무기가 되고, 집게손가락과 가운뎃손가락은 체중을 지탱하며, 약지와 새끼손가락으로 물건을 쥔다.

[루트]
카쿠루

오스트레일리아구 | 사막 · 관목 사막

Velludorsum venenum

딩검

육식

  한 마리의 수컷 딩검이 건조한 초원을 네 발로 걸어 다니며 소형 포유류나 파충류, 곤충을 찾는다. 갑자기 익룡이 급강하해 딩검을 덮친다. 곧바로 딩검은 등을 구부리며 화려한 색깔과 문양의 돛을 펴고, 동시에 머리 뒷부분의 가시 모양의 볏도 공중을 향해 치켜세운다. 가시 하나하나에는 대형 포식자마저 죽일 수 있는 독이 있다. 딩검의 위협적인 모습에 익룡은 사냥을 포기하고 그냥 날아가 버린다.

  딩검은 몸길이 1m 정도 되는 소형 코엘로사우루스류이며, 오스트레일리아의 고유종이다. 이따금 독이 있는 식물을 먹고 그 독을 볏에 비축한다. 딩검 자신은 이 독에 내성이 있다. 암컷이 수컷보다 크고, 돛과 볏도 없으며, 체형도 두 발로 걷는 보통의 코엘로사우루스류와 비슷하다.

수컷 딩검은 화려한 문양과 색깔의 돛으로 포식자를 위협한다. ↓

딩검의 번식기는 우기에 시작된다. → 수컷은 진흙으로 집을 만들고 반쯤 완성되면 암컷에게 구애를 시작한다(1). 짝짓기 후 암수는 함께 나머지 집을 짓는다(2). 건기가 찾아오기 전까지 집을 완성하고, 수컷이 먹이를 구하러 나간 동안 암컷이 알을 품는다(3). 다음 우기에 알이 부화하고 암컷이 먹이를 찾으러 나가면 수컷이 입구에 서서 집을 지킨다(4).

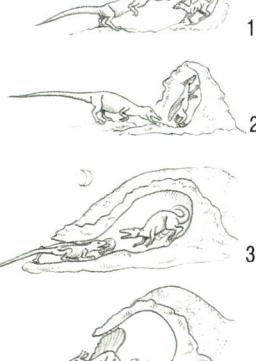

1
2
3
4

077

오스트레일리아구 | 열대우림

Fortirostrum fructiphagum

크랙비크

초식

　오스트레일리아 대륙 북동부 열대림. 높은 나뭇가지 위를 흰색과 검은색이 뒤섞인 동물이 날아다니다 잎사귀 그늘 속으로 사라진다. 언뜻 아브로사우루스류 같지만, 이 공룡은 나무 위에서 살게 된 원시적인 소형 조반류이다. 불타는 것 같은 색깔의 얼굴과 긴 볏을 가지고 있다.

　크랙비크의 조상은 땅 위를 뛰어다녔지만, 크랙비크는 나무 위를 날듯이 뛰어다닌다. 발가락은 나뭇가지를 잡을 수 있도록 진화했고, 짧아진 꼬리는 나뭇가지에 몸을 꼭 붙인 채 지탱하는 데 도움이 된다. 어깨 구조와 근육 상태는 아브로사우루스와 같다. 손은 나뭇가지나 먹이를 솜씨 좋게 움켜쥐는 데 사용한다. 크랙비크류는 전 세계 열대우림에 살지만 오스트레일리아구에서 특히 더 다양한 종이 발견된다.

← 아브로사우루스류의 먹이는 다양하지만 크랙비크류는 식물만 먹는다.

[루트]

콴타스사우루스

부리는 나무 열매를 줍거나 부수는 데 사용하고 이빨로 씹는다. 화려한 문양의 얼굴과 볏은 이성과 적에게 보내는 신호이다.

다른 원시적인 조반류처럼 손가락은 다섯 개이다. 엄지와 새끼손가락을 교차할 수 있어서 물건을 쥐는 데 도움이 된다.

오스트레일리아구 | 온대림

Pigescandens robustus

터브

초식

나무 위에서 사는 동물 모두가 빠르게 뛰어다니는 건 아니다. 오스트레일리아 남서부와 남동부의 유칼립투스 숲에는 몸길이 70㎝ 정도 되는 은색 동물이 살고 있다. 이 볼품없는 동물이 터브인데, 느릿느릿 줄기를 오르내리며 파릇한 유칼립투스 잎을 먹는다. 터브의 손발가락 구조는 크랙비크와 비슷하여 친척 관계임을 알 수 있다.

손발가락 이외는 크랙비크와 많이 다르다. 잘 발달한 뒷머리에는 힘센 턱 근육이 있어 짧지만 날카로운 부리와 함께 유칼립투스 잎을 뜯어내는 데 유용하다. 포동포동 둥근 몸은 재빨리 움직이기에 적합하지 않다. 발은 나뭇가지를 움켜쥐는 것보다 줄기를 잡기에 더 적합하다. 꼬리는 짧고 땅딸막하다. 나무 위에 사는 조반류와 비슷한 체형은 동양구의 타데이뿐이다.

터브의 둥근 체형은 소형의 원시적인 조반류치고 드물다. 같은 조상을 가졌지만, 좀 더 날씬하고 재빠른 크랙비크는 섬을 옮겨 가며 동양구로 건너갔다.

[루트]

콴타스사우루스

느릿느릿 움직이는 터브는 유칼립투스 나뭇가지와 잎만 먹는다. 갑옷도 없고 걸음도 느리지만, 유칼립투스의 독이 몸에 쌓여 있어서 잡아먹으면 위험하다. 그래서 포식자들은 터브를 외면한다.

오스트레일리아구 | 온대림-열도

Perdalus rufus

클룬

초식

오스트레일리아 대륙의 남동쪽 2,500km에는 큰 섬 두 개가 나란히 있다. 두 섬 모두 곤드와나 남단의 파편을 포함하고 있지만 섬 대부분은 화산 활동에 의해 새로 생겨났다.

섬이 되기까지의 극심한 변화와 오스트레일리아 대륙에서도 고립된 환경, 이 두 가지 조건은 섬에 독특한 동물이 산다고 해도 전혀 이상하지 않다.

곤드와나에서 살아남은 생물은 얼마 안 되지만 북부 해안 근처에는 쥐라기 때부터 살아남은 투아타라가 살고 있다. 섬의 동물 대다수는 조류와 익룡이다. 대부분의 익룡은 날지 못하는데, 에티오피아구에서 독립한 비행 능력을 잃은 것들이다.

몸길이 70cm인 클룬은 이 섬의 전형적인 지상 익룡이다. 날개는 흔적도 없이 사라졌고 몸은 긴 털로 뒤덮였다. 숲속에서 조용히 풀을 먹으며 산다.

포식자가 없는 환경에서 클룬은 지상 생활에 완전히 적응했다. 날개는 사라졌지만 뒷다리의 네 발가락은 조상으로부터 물려받은 것이다.
↓

[루트]
오르니토케이루스

↑
클룬의 머리뼈와 이빨 구조는 조상의 홀쭉한 머리뼈와 완전히 다르다.

[루트]

오르니토케이루스

← 완들은 몇 마리가 느슨한 무리를 이루고 초원을 천천히 배회한다. 고립된 환경에서 진화했기 때문에 다른 지역에서 온 침입자가 있다면 크게 위협받을 것이다.

오스트레일리아구 | 짧은 풀 사바나-열도

Pervagarus altus

완들

초식

 지상의 포식자가 없는 환경에서는 하늘을 날던 동물 대다수가 비행을 그만두고 땅에서 살게 된다. 따라서 오스트레일리아 대륙 남동쪽의 고립된 두 섬에 사는 대형 동물 대부분은 하늘을 날던 동물을 조상으로 삼는다.

 남쪽 섬의 북쪽 부분은 초원이며 이곳에는 클룬과 닮은 완들이 산다. 클룬과 마찬가지로 조상인 하늘을 나는 익룡과 닮은 곳도 있고 닮지 않은 곳도 있다. 같은 먹이를 먹고 살기 때문에 얼굴은 스프린토사우루스와 닮았다. 이것은 에티오피아구의 플라프도 마찬가지이다.

 포식자가 없기 때문에 완들은 갑옷이 없고 움직임도 둔하다. 낮은 지대에 사는 종은 긴 풀을, 높은 지대에 사는 종은 짧은 풀을, 초원에서 산악 지대까지 다양한 종의 완들이 저마다 다른 먹이를 먹으며 산다.

↑
클룬의 앞다리는 완전히 퇴화했다. 대신 뒷다리가 상당히 유용하여 먹이를 쥐고 입으로 운반할 수 있다.

← 껍데기의 밑바닥이 약간 H자 모양이라 모래 위를 잘 미끄러져 간다. 근육질에 폭이 넓은 네 개의 촉수로 모래 위를 기어 다니다가 야자나무 위로 올라간다. 네 개의 긴 촉수는 손의 역할을 한다. 눈은 물속이든 육상이든 잘 볼 수 있다. 코코넛그랩은 밤에 해변을 어슬렁거리므로 아침이면 이들이 남긴 특유의 모래자국을 볼 수 있다.

[루트]

암모나이트류

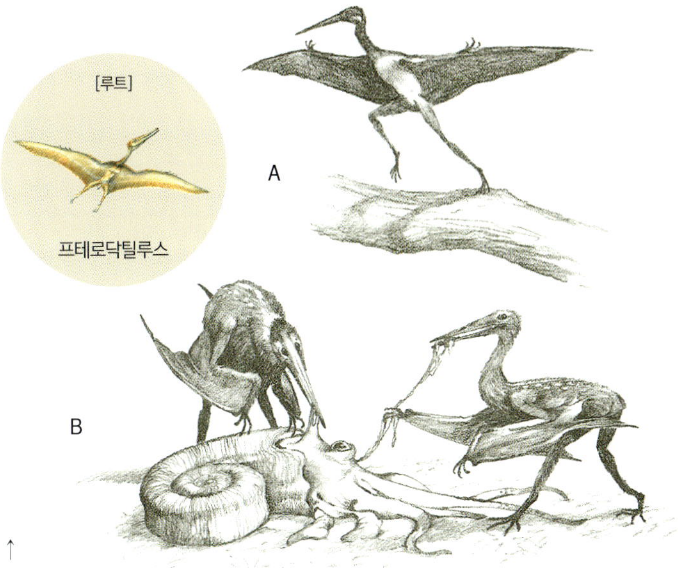

퇴화한 날개로 균형을 잡고 나무 위를 달려 올라가(A) 줄기 속의 곤충을 파내 먹는다. 새벽까지 꾸물거린 코코넛그랩은 쇼어런너 무리에게 갈기갈기 찢겨 먹힌다(B).

오스트레일리아구 | 열대우림-섬 해안

Nuctoceras litureperus

코코넛그랩

 초식

판탈라사해의 흔적인 거대한 바다에는 드문드문 화산섬이 있다. 섬 주위에는 산호와 암초가 널리 퍼져 있다.

고생대부터 암모나이트류는 바닷속에서 꾸준히 번성했다. 앵무조개보다 오징어나 문어에 더 가깝지만, 껍데기는 구조가 앵무조개와 비슷하고 내부에는 가늘게 벽이 쳐진, 부력을 조정하는 방이 있다.

코코넛그랩은 각진 껍데기를 가진 암모나이트이며 오랫동안 육상에서 활동했다. 열대 섬의 해변을 어슬렁대다가 코코넛을 주워 먹고, 떨어진 열매가 없으면 먹이를 찾아 나무 위로도 어렵지 않게 기어오른다.

오스트레일리아구 | 열대우림-섬 해안

Brevalus insularis

쇼어런너

 육식

새로운 섬이 생겨나면 식물의 씨앗과 포자가 바람을 타고 침입하고, 곤충이 그 뒤를 따른다. 이어서 새와 익룡이 찾아오는데, 외부의 적이 없는 환경에 맞춰 이따금 비행 능력을 포기하는 것도 있다.

쇼어런너는 적도 아래 섬에서 볼 수 있는 익룡으로, 날개는 있지만 비행 능력이 사라졌다. 해변을 돌아다니며 작은 동물을 사냥하거나 나무에 올라가 곤충을 잡아먹는다.

섬들이 형성된 지 500만 년 정도 되었는데 쇼어런너의 조상도 그 무렵 찾아왔을 것으로 예상된다. 몇 종의 쇼어런너가 섬들 곳곳에 분포하며 식성에 따라 형태와 크기에 차이가 있다.

해양
THE OCEANS
✳ ✳ ✳

지구상에서 가장 넓은 지역은 대륙이 아니라 바다이다. 바다의 면적은 지구 표면의 약 70%를 차지하며, 그 대부분은 햇빛이 닿지 않는 차갑고 어두운 공간이다.

트라이아스기 지구는 초대륙 판게아와 거대한 판탈라사해만 있었다. 판게아가 분열하면서 판탈라사해도 갈라졌지만, 그 흔적은 아직도 지구의 반을 뒤덮고 있다. 이 바다는 에티오피아구를 제외한 모든 동물지리구와 맞닿아 있다.

다른 해역은 대륙의 분열로 생겨난 것이다. 로라시아와 곤드와나 사이에 있던 테티스해는 곤드와나 분열 후 대륙 이동으로 소멸했다.

대륙과 바다가 맞닿은 부분은 해안이지만, 진정한 대륙의 끝은 수심 100m 정도의 해저에 펼쳐진 대륙붕이다. 해저는 거기서부터 더욱더 깊어져 심해저의 해양판 표면에 이른다. 바다 대부분의 동식물은 빛이 해저까지 닿는 대륙붕에 산다. 해양판이 대륙판에 가라앉은 곳은 대륙붕이 좁고, 반대로 대륙이 분열하려는 곳은 대륙붕이 넓다.

대륙과 달리 해양은 확실한 동물지리구를 만들지 못한다. 큰 해역은 서로 연결되어 있어 생물의 이동을 방해하지 못하기 때문이다.

소어는 바위에 집단 서식지를 만들고 새끼들을 위해 며칠에 걸쳐 먹이를 찾으러 나간다.

소어는 모든 움직임이 우아하다. 해수면에서는 젖지 않도록 날개를 들어 올린다.

[루트]
프테로닥틸루스

해양 | 해안선

Cicollum angustalum

소어

육식

신북구와 신열대구, 에티오피아구의 서해안 멀리 있는 바다는 차갑고 영양이 풍부한 해수가 해저에서 상승하는 해역이다. 이러한 해역은 플랑크톤이 많아서 그것을 먹는 물고기 떼가 찾아오고 물고기를 노린 조류와 익룡들도 모여든다.

소어는 물고기를 잡아먹는 익룡으로, 날개를 펼치면 폭이 4m를 넘는다. 오랜 시간 바다 위를 날면서 해수면 근처의 물고기 떼를 찾는다. 그리고 긴 머리와 목을 바다에 집어넣어 물고기를 잡는다. 충분한 양의 물고기를 잡으면 바람을 타고 해수면에서 날아올라 새끼들이 기다리는 둥지로 돌아간다.

소어가 해수면 위에서 먹이를 잡을 때 수장룡의 습격을 받기도 한다.

[루트]
프테로닥틸루스

연골질의 날개는 키잡이 역할을 할 뿐만 아니라 뒷다리의 막과 함께 추진력을 일으킨다. 촘촘하게 난 털이 몸의 열을 보호한다.

해양 | 해안선

Pinala fusiforme

플런저

육식

비바람에 고스란히 노출된 바위투성이의 작은 섬 위에 희고 검은 문양의 매끄러운 표면을 가진 동물들이 흐릿한 태양 아래 엎드려서 일광욕을 한다. 플런저는 육상에선 볼품없지만 절벽 위에서 바다로 훌쩍 뛰어들면 멋진 바다의 사냥꾼이 된다.

플런저는 비행 능력을 포기하고 물고기를 잡아먹는 익룡이다. 연골질의 지느러미로 변화한 날개와 비행할 때 몸을 안정시키는 날개 역할을 했던 뒷다리, 그리고 꼬리 사이의 막을 이용하여 바닷속을 날듯이 헤엄친다. 두꺼운 피하지방은 열을 보호하는 역할을 할 뿐만 아니라 체형을 유선형으로 만드는 데도 기여했다. 폐는 바다 깊이 잠수해도 수압을 견딜 만큼 튼튼하다.

수중 생활에 잘 적응한 플런저지만 번식은 육상에서 한다. 물고기가 늘 풍부한 해역의 바위 터가 번식지이다.

[루트]
돌리코린콥스

목구멍 속 주머니에 바닷물을 담고(A), 입을 닫으면 목구멍 주머니가 줄어들면서 바닷물을 가느다란 이빨 사이로 밀어낸다(B). 이런 식으로 플랑크톤을 걸러낸다.

A

B

해양 | 온대 해양

Insulasaurus oceanus

헐크

중생대는 다양한 파충류 그룹이 바다로 진출한 시대였다. 수장룡도 그중 하나로, 다양한 그룹이 교체되며 번성했다. 현재의 수장룡은 백악기 후기부터 지속된 두 그룹으로 나뉜다. 목이 긴 엘라스모사우루스류와 목이 짧고 머리가 큰 폴리코틸루스류이다. 헐크는 후자에 속하며 현재 바다 생물 중 가장 크다.

백악기의 폴리코틸루스류는 몸길이가 5m 정도에 물고기를 잡아먹었고, 신생대에 들어서서 몸집이 커지며 다양한 먹이에 적응했다. 몸길이가 20m에 달하는 헐크는 전 세계 바다를 돌아다니며 플랑크톤을 먹는다.

↑
버드스내처의 체형은 백악기의 엘라스모사우루스류와 흡사하고, 조상보다 목을 상당히 유연하게 움직일 수 있다. 턱은 가늘고 길며, 이빨은 조상과 마찬가지로 바깥을 향해 비스듬히 나 있다.

[루트]
히드로테로사우루스

해양 | 온대 해양

Raperasaurus velocipinnus

육식

버드스내처

물고기 떼를 쫓아 바닷새가 바다 위를 날고 있다. 바닷새는 바다로 뛰어들어 물고기를 물고 물 위로 떠오른다. 그때 갑자기 수면에서 긴 목이 튀어나온다. 뾰족한 머리가 공격하자 바닷새들이 놀라 허둥댄다.

머리의 주인공은 엘라스모사우루스류인 버드스내처이다. 조상과 마찬가지로 바닷속 생물을 먹이로 삼는다. 하지만 조상보다 목을 훨씬 더 유연하게 움직일 수 있어서 이따금 수면 근처에서 새나 익룡을 공격하기도 한다. 긴 목을 뒤로 젖힌 채 해수면 가까이 올라와 힘차게 목을 뻗어 바다 위를 선회하는 새나 익룡을 포획하는 것이다.

해양 | 외해

Piscisaurus sicamalus

펠로러스

육식

펠로러스는 전형적인 소형 폴리코틸루스류로, 커다란 꼬리지느러미를 제외하면 백악기 후기의 조상과 흡사하다. 펠로러스는 암모나이트가 가장 많고 적도 부근의 바람 없는 해역에서 사냥한다. 세계 최대의 암모나이트인 크라켄을 사냥하는 것은 펠로러스뿐이다. 갑자기 나타난 펠로러스를 가라앉히려고 크라켄이 촉수를 휘감아 보지만, 펠로러스가 껍데기 안에 턱을 찔러 넣고 크라켄의 뇌를 파괴한다. 그리고 껍데기에서 가스가 빠져 가라앉기 전, 재빨리 크라켄의 몸을 먹어 치운다.

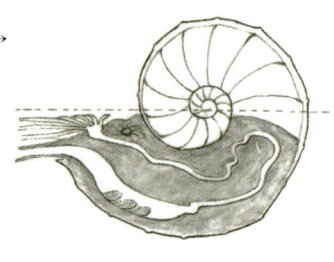

→ 크라켄의 껍데기 내부는 다른 암모나이트와 마찬가지로 여러 개의 방으로 나뉜 기방(氣房: 공기를 저장하는 공간 – 편집 주)이 있고, 내부의 공기로 부력을 조정한다. 기방의 작은 방은 하나의 가느다란 관으로 연결되어 있다.

← 촉수에는 열고 닫을 수 있는 섬모가 무수히 나 있다.

↑ 펠로러스는 크라켄의 독침에 찔려도 아무렇지 않지만, 촉수에 붙들리면 위험하다. 촉수를 더듬어 재빨리 본체로 접근하며 몸의 한 부분에 턱을 찔러 넣어 죽인다.

[루트]

돌리코린콥스

← 몸길이 2m의 펠로러스는 빠르게 헤엄치는 것은 아니지만 거대한 크라켄을 먹이로 삼을 수 있다.

↑ 크라켄은 늘 기다란 촉수를 펼치고 있다. 동물이나 식물이 걸려들면 촉수를 조여 입으로 가져간다.

해양 | 외해

Giganticeras fluitarus

크라켄

육식

암모나이트는 원래 바닷속을 느리게 헤엄치지만, 이외에도 다양한 스타일을 가지고 있다. 크라켄은 해수면을 떠다니며 길고 가느다란 촉수를 이용해 먹이를 잡는다. 껍데기의 지름은 4m나 되는데 지금까지 나타난 암모나이트 중에서 가장 크다.

크라켄 껍데기는 적을 방어하면서 해수면에 떠오르기에 적합하다. 열두 개의 촉수에는 독침이 달린 섬모가 무수히 돋아 있다. 촉수를 벌리면 지름 20m짜리 죽음의 그물로 변해, 가느다란 식물부터 커다란 물고기까지 이곳에 걸린 것은 무엇이든 먹는다. 영양분이 많은 해역에 크라켄이 많다. 크라켄의 껍데기는 철새와 익룡의 휴게소 역할을 한다.

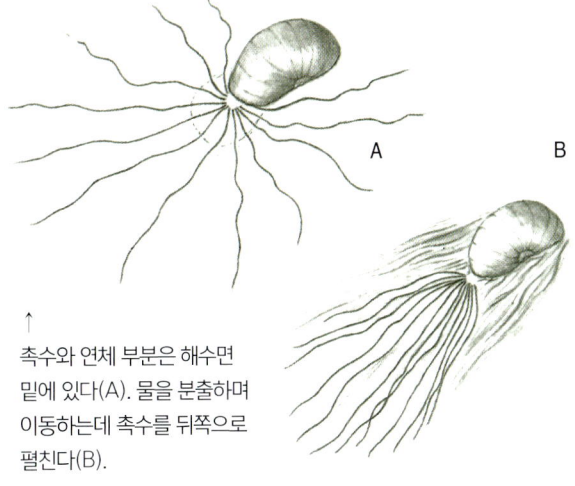

↑
촉수와 연체 부분은 해수면 밑에 있다(A). 물을 분출하며 이동하는데 촉수를 뒤쪽으로 펼친다(B).

[루트]

암모나이트류

신공룡 도감
세계관 해설

***

세계는 완전한 생태계를 이루었다. 초원에서는 라자펀트와 스프린토사우루스가 풀을 뜯는다. 열대림에서는 크랙비크가 과일을 따 먹고, 온대림과 침엽수림에서는 브리켓과 코니터가 나뭇잎이나 싹을 먹고 있다. 산악 지대의 바위에서는 발라클라브와 하누한이 이끼를 씹는다. 이런 동물들은 노스클로나 커틀라스투스 같은 육식동물의 먹잇감이 되고, 먹고 남은 것은 썩은 고기를 먹는 청소동물인 구르망과 익룡의 먹이가 된다.

이 책에서 소개한 동물은 지구상의 생물 중 극히 일부에 불과하다. 지구에는 생태계를 지탱하는 작은 생물이 수없이 많다.

대멸종은 과거에 몇 번이나 있었지만, 그때마다 생태적 지위의 공백이 생겨나 살아남은 생물의 진화를 촉진했다. 만약 공룡이 멸종했다면 어떤 동물이 그 자리를 대신했을까? 현재의 대륙은 계속 분열 중이라 대륙마다 다른 동물이 공룡의 자리를 차지했을지 모른다. 그럼 지금 같은 대륙 분열이 진행되지 않았던 백악기 말에 공룡과 익룡이 멸종했다면? 그 뒤를 이어받은 것은 조류였을까, 아니면 포유류였을까.

무슨 일이 벌어지든 생물은 진화를 계속한다. 생명이 존재할 수 있는 환경인 이상 지구의 생명은 새로운 환경에 적응하여 계속 살아갈 것이다.

대멸종

(이론)

지금으로부터 대략 2억 3,300만 년 전, 중생대 트라이아스기에 나타난 것은 길고 날씬한 손발을 가진 작고 연약해 보이는 동물이었다. 그리고 약 2,000만 년 동안 그 동물은 빠른 속도로 다양해졌다. 풀숲에서는 깃털을 몸에 두른 육식공룡이 도마뱀을 쫓아가고, 숲속에서는 사나운 육식공룡이 사냥감을 찾았다. 목이 긴 거대한 초식공룡이 요란하게 나뭇가지 사이로 얼굴을 파묻었고, 그 발치에 두 발로 걷는 작은 초식공룡이 뛰어다녔다.

그리고 그들이 멸종됐다.

6,600만 년 전, 백악기 말에 대멸종이 그들을 덮쳤다. 공룡뿐만 아니라 지구상의 생명체 대부분이 엄청난 타격을 받았다.

백악기 말에 지구 전체에 발생한 대멸종은 백악기에서 고제3기의 팔레오세로 생물의 모습을 크게 변화시켰다. 공룡이 육상에서 군림하던 시대가 끝나고 포유류의 시대가 열리기 시작한 것이다.

이전의 포유류는 전반적으로 작았고, 생태계에서 두드러지지 못했다. 하지만 공룡과 익룡, 해양 파충류가 멸종하면서 포유류가 그들의 생태적 지위를 이어받았다. 대체 무슨 일이 벌어진 걸까?

포유류가 공룡을 멸종시킨 것은 아니다. 멸종은 갑자기 일어난 것일까 아니면 서서히 진행됐을까.

단기간에 일어난 현상을 탐색할 때, 지층에 기록된 정보는 아무 쓸모가 없을 때가 있다. 지구 전체의 역사로 보면 100만 년의 시간도 한순간이다. 그 기간에 퇴적된 지층의 두께는 고작 몇 센티미터밖에 안 되는 경우가 흔하다. 어떤 기간은 지층이 전혀 남아 있지 않은 경우도 드물지 않다.

멸종은 갑자기 찾아왔다.

백악기 말의 대멸종을 조사한 연구자들은 원인을 지구 바깥에서 찾는 경향이 있었다. 만약 태양계 근처에서 초신성 폭발이 일어나 평소 같으면 도저히 있을 수 없는 양의 우주선(宇宙線), 즉 우주에서 날아오는 고밀도 입자가 지구에 쏟아져 내렸다면 생물들은 치명적인 손상을 입었을 것이다. 하지만 이 가설은 별로 지지를 얻지 못했다.

활발히 논의된 것은 '운석 충돌이 원인'이라는 가설이다. 6,600만 년 전, 지름 10km 정도의 운석이 지구에 충돌해 대량의 먼지가 대기에 퍼진다. 햇빛이 차단된 지구는 급격히 추워지고, 먼지 성분이 비에 녹아 산성비가 계속 내린다. 엄청난 규모의 화재가 발생하고 거기서 나온

대멸종

매연은 환경을 더욱 악화시킨다. 또 충돌의 영향으로 발생한 대량의 온실가스는 지구 온난화를 급격히 진행하게 한다.

이런 현상은 생태계를 지탱하는 식물과 플랑크톤에 큰 영향을 미친다. 생태 피라미드 아래쪽의 동물은 적은 양의 먹이만으로도 살아남을 수 있지만, 피라미드의 윗부분을 차지한 공룡과 익룡, 수장룡과 모사사우루스류는 그렇지 못했을 것이다. 얕은 바다를 좋아하던 암모나이트는 플랑크톤이 없어지면 살아남을 수 없다. 포유류와 소형 파충류는 먹이가 부족한 시기를 겨울잠으로 견딜 수 있고, 조류 역시 괜찮은 둥지를 만들면 살아남을 가능성이 있다. 기후에 적응하여 추운 지역에서 살던 공룡도 적지 않았지만, 급격한 환경 변화와 그에 따른 생태계 파괴를 피할 수 없었을 것이다.

충돌한 것은 운석이 아니라 혜성이었다는 가설도 있다. 대멸종이 2,600만 년 주기로 일어나는 듯 보이는 까닭에 천체 운동의 영향으로 2,600만 년마다 지구에 혜성비가 쏟아질 것이란 가설마저 있다.

백악기 말, 전 세계의 지층에서 이상한 양의 이리듐이 포함된 점토의 얇은 층이 확인되었다. 이리듐은 지구 표

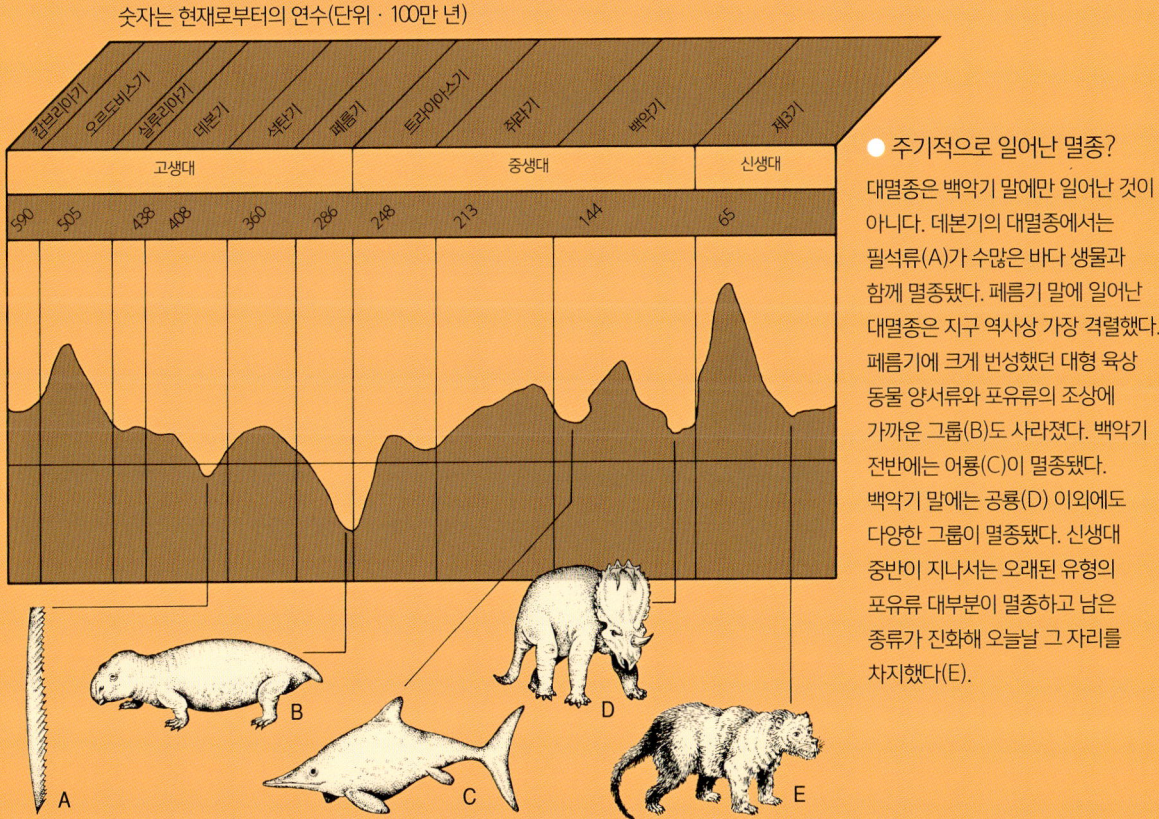

● 주기적으로 일어난 멸종?
대멸종은 백악기 말에만 일어난 것이 아니다. 데본기의 대멸종에서는 필석류(A)가 수많은 바다 생물과 함께 멸종됐다. 페름기 말에 일어난 대멸종은 지구 역사상 가장 격렬했다. 페름기에 크게 번성했던 대형 육상 동물 양서류와 포유류의 조상에 가까운 그룹(B)도 사라졌다. 백악기 전반에는 어룡(C)이 멸종됐다. 백악기 말에는 공룡(D) 이외에도 다양한 그룹이 멸종됐다. 신생대 중반이 지나서는 오래된 유형의 포유류 대부분이 멸종하고 남은 종류가 진화해 오늘날 그 자리를 차지했다(E).

면에는 극히 적은 금속으로, 대체로 지구의 심층부에 집중적으로 존재한다.

이런 지층이 생기려면 대규모의 화산 분화가 일어나야 한다. 많은 양의 이리듐을 포함한 운석과 혜성도 있다. 운석이나 혜성의 충돌로 이리듐이 지구 전체에 먼지처럼 뿌려지면 역시 이러한 지층이 생길 수 있다.

멕시코의 유타카 반도에서 백악기 말에 형성된 거대한 크레이터(움푹 파인 큰 구덩이 모양의 지형 – 편집 주)가 발견되면서 거대 운석의 충돌이 공룡의 멸종과 관련 있다는 것이 확실해졌다.

멸종은 천천히 찾아왔다.

백악기 말에 거대 운석이 지구에 떨어진 것은 이제 의심할 여지가 없어 보인다. 그럼 그 영향은 어느 정도였을까? 운석이 떨어진 것만이 백악기 말 대멸종의 원인일까? 영향을 끼친 다른 원인은 없을까?

판이 생기고 나서 줄곧 판 운동과 그에 따른 대륙 이동이 계속되었다. 백악기 말의 대륙 배치는 현재의 모습과 비슷하다. 트라이아스기에 초대륙 판게아의 분열은 진행 상태였다. 백악기 후기 긴 시간 동안 대륙 사이에 얕은 바다가 있었고, 얕고 넓은 바다에서는 플랑크톤부터 암모나이트, 수장룡과 모사사우루스류까지 다양한 바다 생물이 크게 번성했다.

하지만 백악기 말이 되자 해수면이 얕아지면서 그때까지 얕고 넓은 바다였던 지역은 육지로 바뀌었다. 그리고 해류가 변화하고 살 집을 잃으면서, 바다 생물은 큰 영향을 받았다.

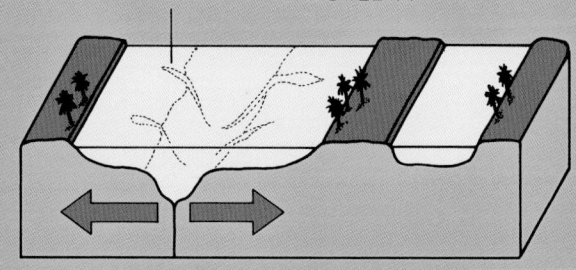

중생대 초기

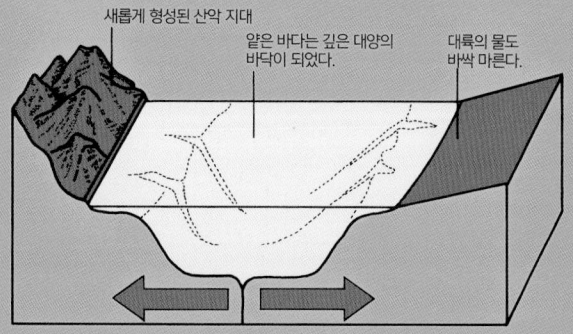

중생대 후기

● 대륙 이동

중생대 초기 무렵, 대륙 분열은 많이 진행되지 않았고, 대륙 사이에는 얕은 바다만이 있었다. 중생대 후기, 대륙 분열이 진행되면서 그 사이에 차갑고 깊은 바다가 생겨났다. 이에 얕은 바다의 생물은 심각한 타격을 받았다.

바다 면적의 감소는 기후에도 영향을 미쳤고, 기후 변화는 육상 생물에게 다양한 영향을 주었다. 해수면이 낮아지면서 대륙 간의 왕래가 가능해졌고 생물 교류가 시작됐다. 서로 다른 지역에서 살던 생물들이 생존 경쟁을 하게 된 것이다.

운석이 충돌하기 수십만 년 전, 당시 섬이었던 인도에서 대규모 화산 활동이 시작되었다. 분출된 대량의 화산

보통 상태
태양광선
태양광선은 흡수되거나, 대기나 구름에 반사한다.

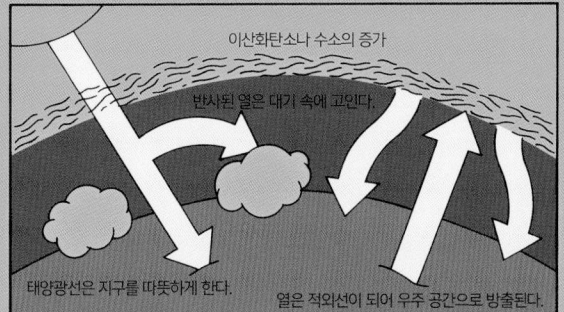

온실 효과
이산화탄소나 수소의 증가
반사된 열은 대기 속에 고인다.
태양광선은 지구를 따뜻하게 한다. 열은 적외선이 되어 우주 공간으로 방출된다.

● 온실 효과
지구 표면에 도달한 태양 에너지의 일부는 적외선이 되어 우주 공간으로 방출된다. 이산화탄소와 수증기, 메탄 같은 온실 효과를 일으키는 가스가 늘어나면 적외선의 일부가 대기에 흡수되고 열이 모여 기온이 상승한다.

백악기 말, 해수면이 낮아지고 인도에서 발생한 대규모 화산 활동으로 지구 생물 전체가 불안정한 상황. 거대 운석이 지구에 충돌한 것은 바로 이런 시기였다. 어쩌면 운석이 지구에 충돌해서 그 반대편에서 일어난 인도의 대규모 화산 활동이 더욱 촉진되었을 가능성도 있다.

이렇게 백악기 말에 대멸종이 일어났고 다양한 생물이 멸종되었다.

어쩌면……

'해수면이 낮아지고 대규모 화산 활동에 의해 생물은 커다란 타격을 받았지만, 운석은 지구 옆을 그냥 통과했다. 백악기 말의 생물들은 그대로 고제3기를 맞이했고, 그 후 6,600만 년 동안 계속 진화했다.'

이것이 '신공룡 도감' 세계의 대전제이다. 지금까지는 '멸종하지 않은 공룡의 진화 모습'을 살펴보았는데, 중생대의 공룡들 모습을 재확인해 보자.

재는 햇빛을 차단하고 지구 전체에 운석이 떨어졌을 때와 비슷한 영향을 주었을 것이다. 날씨가 추워지고, 화산재 성분을 포함한 산성비가 육지와 바다 환경을 파괴했다. 대규모의 화산 활동은 대량의 이산화탄소도 방출했다. 화산재의 영향으로 일어난 한랭화가 어느 정도 진정되자, 이번에는 운석 충돌 때와 똑같이 지구 온난화가 일어났을 것이다.

공룡이란 무엇인가

(육상 파충류의 진화)

고전분류학에 따르면, 공룡은 파충강의 두 가지, 용반목과 조반목에 속한다.

공룡을 더 쉽게 설명하기는 상당히 어렵다. 공룡은 중생대를 거쳐 번성하면서 다양한 형태로 나뉘었다. 그중에는 몸이 가볍고 날개를 퍼덕여 비행할 수 있는 조류도 있다. 조류를 제외하면 공룡은 '육상에서 사는, 커다란 몸으로 직립보행(뒷다리만 사용하여 등을 꼿꼿하게 세우고 걷는 것 - 편집 주)하는 파충류'라고 설명할 수 있다.

공룡 중에는 몸길이가 1m도 채 되지 않는 것도 많으나 현재 동물의 기준으로 보면 그리 작은 게 아니다. 바다 생활에 적응한 조류는 백악기에도 있었다. 그 밖의 공룡은 육지에서 살았고, 물가에서 살더라도 그중 반 정도만 물에서 지냈다.

중생대 특유의 해양 파충류인 수장룡과 어룡, 모사사우루스류는 공룡이 아니다. 또 하늘을 나는 파충류 익룡은 공룡에 가까운 무리지만 공룡은 아니다. 새에 가까운 공룡 중에는 활공 비행이 가능한 것도 몇 종 있지만, 익룡처럼 날개를 퍼덕이며 자유롭게 이리저리 날아다니지 못했다. 중생대는 공룡을 비롯해 이러한 파충류의 시대였다고 할 수 있다.

지배파충류에 가까운 무리가 나타난 것은 페름기 말이다. 이 시대는 원시적인 단궁류, 흔히 말하는 포유류형 파충류의 전성기였지만 그들은 페름기 말의 대멸종으로 큰 타격을 입고 말았다. 트라이아스기에 들어서면서 지배파충류는 급속히 다양해지며 두 개의 큰 그룹으로 나뉘었다.

첫 번째 그룹 크루로타르시류는 물가 생활에 적응하여 몸집이 커지거나 두 다리로 재빨리 뛰어다니는 것이 있다. 후자의 후손이 악어인데, 악어가 물가 생활을 하는 것은 전자를 닮았다.

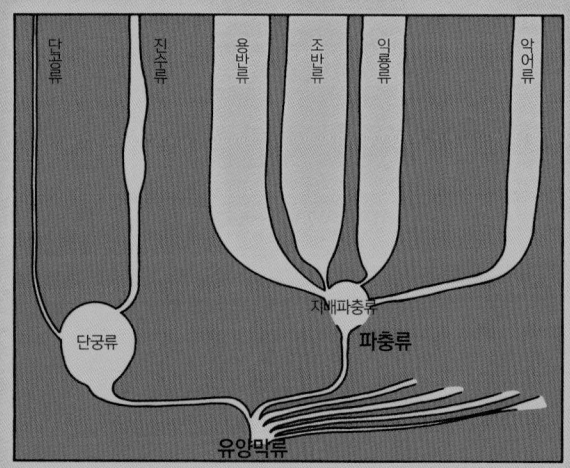

● 공룡의 진화
파충류와 포유류의 조상은 고생대에 큰 진화를 이루었다. 단궁류는 고생대 말에 쇠퇴했고, 그 후 지배파충류가 크게 번성했다.

공룡이란 무엇인가

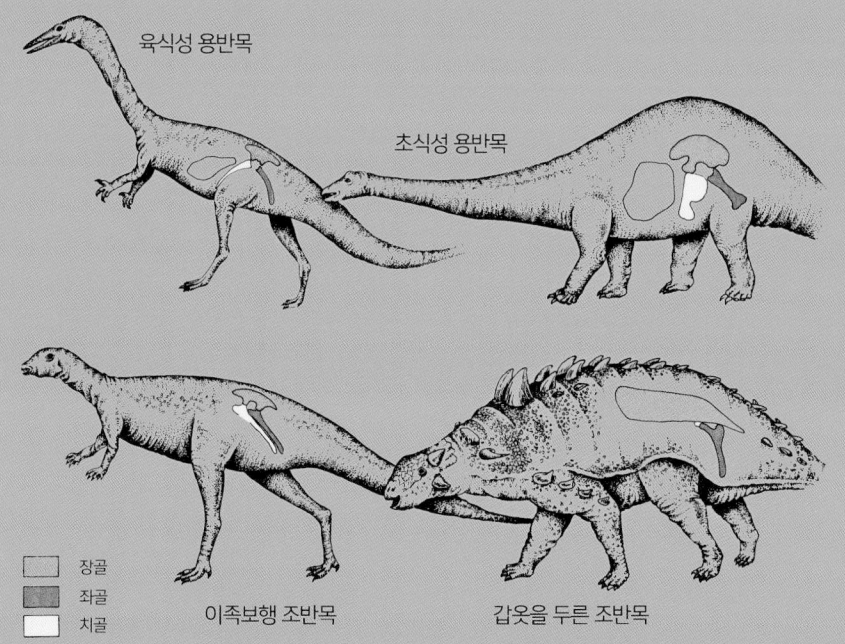

● 공룡의 진화

고전적인 대분류인 용반목과 조반목은 공룡의 골반 형태로 구분한 것이다. 용반목의 골반은 다른 파충류와 비슷하다. 치골은 앞쪽으로, 좌골은 뒤쪽으로 이어진다. 이러한 용반목의 골반은 원시적인 특징을 남기고 있다. 조반목의 골반은 치골이 좌골에 거의 붙어 있다시피 뻗어 있다. 이 구조는 언뜻 보면 조류의 골반과 비슷하다. 조반목은 모두 식물을 먹고, 치골이 뒤쪽 방향으로 되어 있으며, 비어 있는 공간에 커다란 내장을 담고 있다. 갑옷을 두른 유오플로케팔루스의 무리는 치골이 아주 작다.

 두 번째 그룹 오르니토디라는 작고 가냘픈 체구였고, 역시 두 다리로 뛰어다니는 게 많았다. 오르니토디라 중에서 하늘을 나는 종이 익룡이고, 지상에서 사는 것들 중에서 튼튼한 허리 구조를 가진 것이 공룡이다.
 공룡은 그 후 1억 6,000만 년 이상에 걸쳐 크게 번성하였다. 중생대를 지나 환경 변화에 계속 적응하며 다양한 생태적 자리를 확보한 것이다. 공룡은 신진대사가 좋고 스스로의 힘으로 열을 생산할 수 있었다. 몸이 작아서 금방 열을 잃어버리는 종류는 온몸을 뒤덮은 깃털이 단열재 역할을 하였다.
 공룡의 뒷다리는 골반에서 몸의 바로 아래로 똑바로 뻗어 있어 효율적으로 체중을 지탱할 수 있고 몸을 비틀지 않고 빠르게 이동할 수 있다. 골반 주위 구조는 튼튼하게 변해 뒷다리와 함께 몸집을 크게 키우기에 적당했다. 거대 용각류의 골격은 자연이 만들어낸 걸작이라 해도 좋다. 튼튼한 네 다리가 속이 비어 가벼워진 등뼈를 지탱한다.
 백악기의 운석 충돌이 없었다면 6,600만 년이 지난 지금도 새 외의 공룡이 대지를 활보하고 있을 것이다. 이 책은 공룡과 익룡, 수장룡, 모사사우루스류가 전 세계적으로 계속 번성하고 있다고 가정한 또 하나의 동물학 세계이다.
 오늘날을 이야기하기 전, 먼저 백악기 말부터 6,600만 년 동안 일어난 진화의 모습을 확인해 보자.

새로운 계통수

멸종하지 않은 공룡의 후손은 백악기 말 이후에도 여전히 다양해지고 계속 번성했다. 수각류 가운데 백악기 후기에 번성한 것은 코엘로사우루스류와 쥐라기의 케라토사우루스류의 직계 후손인 아벨리사우루스류와 노아사우루스류이다. 아벨리사우루스류는 과거 곤드와나 이외에는 티라노사우루스류 이전에 멸종됐지만, 노아사우루스류는 다양해졌다.

용각류는 쥐라기부터 백악기에 걸쳐 크게 번성했다. 백악기에 번성한 티타노사우루스류는 과거 초대륙 곤드와나였던 지역에서 살아남았다.

두 다리로 걷는 소형의 원시적인 조반류나 몸집이 커진 조각류는 오늘날에도 전 세계에서 크게 번성하고 있다. 쥐라기 중엽에 갈라져 나온 각룡과 파키케팔로사우루스류는 백악기 후기에 크게 번성하여 오늘에 이른다.

스테고사우루스류는 백악기에 들어서면서 급속히 쇠퇴하여 백악기 전기 동안 멸종했다. 노도사우루스류도 신생대 전반기에 멸종했지만, 안킬로사우루스류는 오늘날까지 살아남았다.

익룡류는 조류와의 경쟁을 극복하고 현재까지 살아남았다. 수장룡류도 현재까지 쉽게 볼 수 있다.

포유류는 다양한 그룹으로 갈라졌다. 대부분은 소형 그대로이며, 크다고 해도 공룡의 크기에는 한참 미치지 못한다.

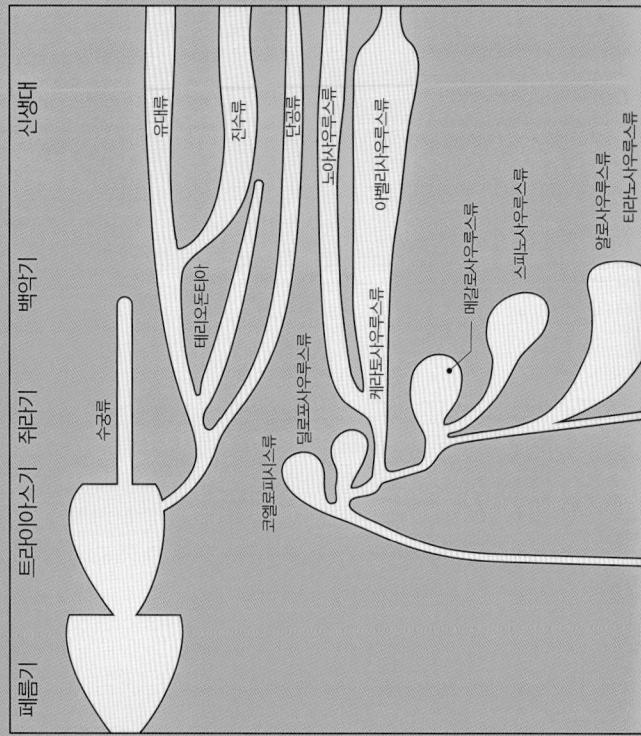

● 코엘로피시스
대표적인 초기 수각류이다.
쥐라기 전기까지 세계 각지에서
번성했다.

● 데이노니쿠스
새의 조상과 가까운 친척이다.
백악기에 더 다양해지며
세계 각지로 퍼졌다.

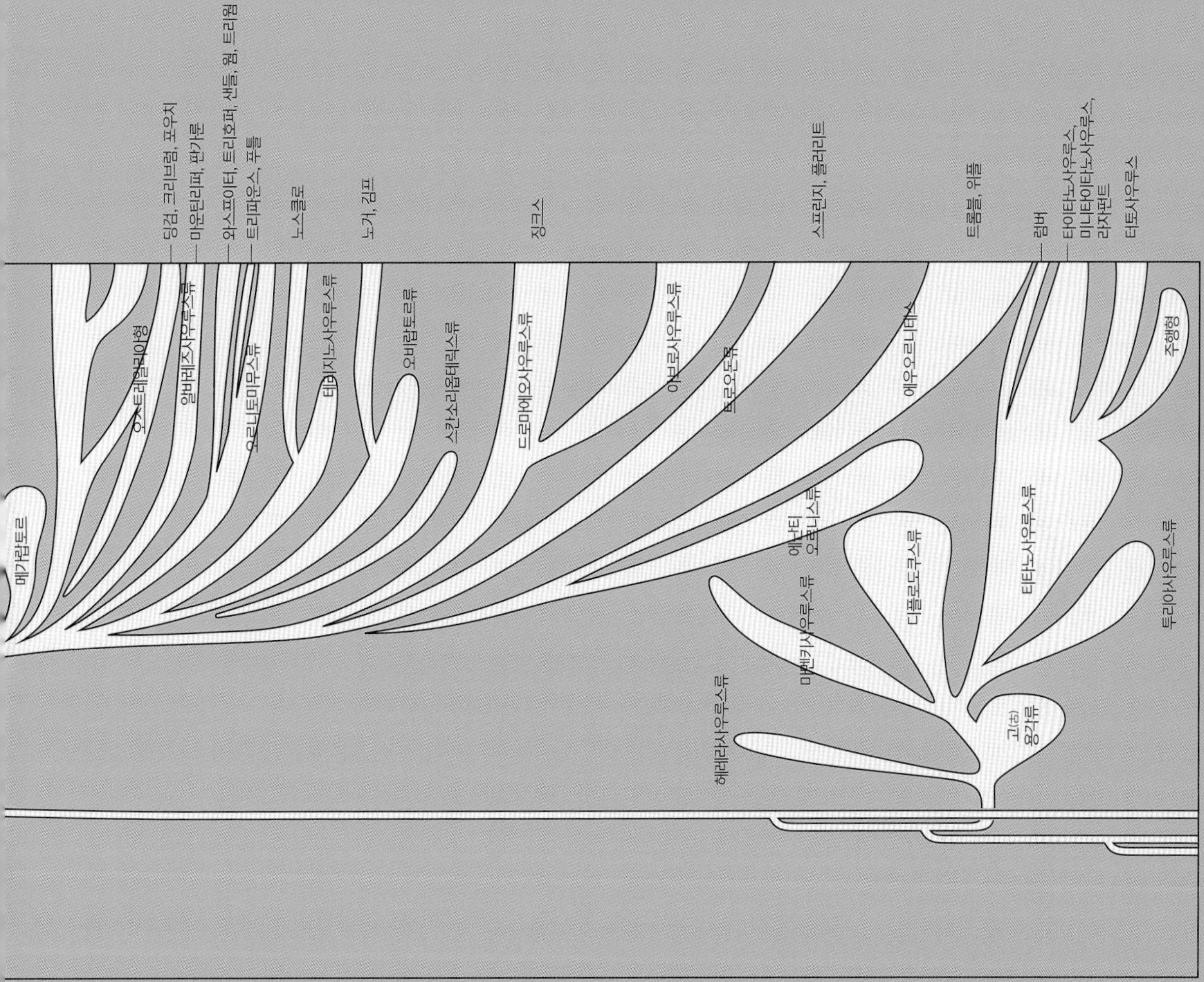

새로운 계통수

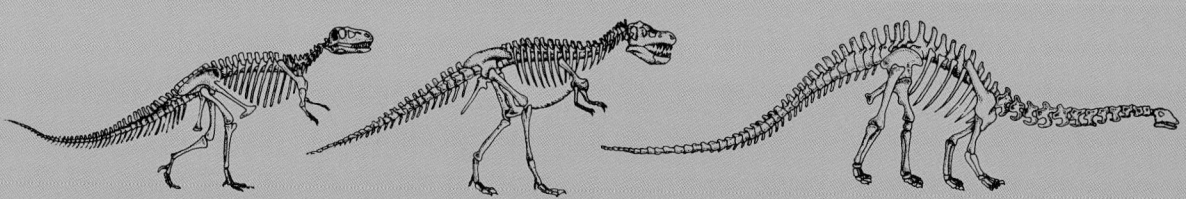

● 아벨리사우로이데스
대형 수각류로는 초기의 것이다. 특히 쥐라기 중기에 번성했다.

● 티라노사우루스
백악기 후기에 급속히 몸집이 커진 그룹으로, 튼튼하면서도 몸이 가볍다.

● 아파토사우루스
용각류 중 아파토사우루스 등의 디플로도쿠스류는 쥐라기 중기부터 백악기 전기에 걸쳐 번성했다. 백악기 후기까지 남은 것은 티타노사우루스류뿐이다.

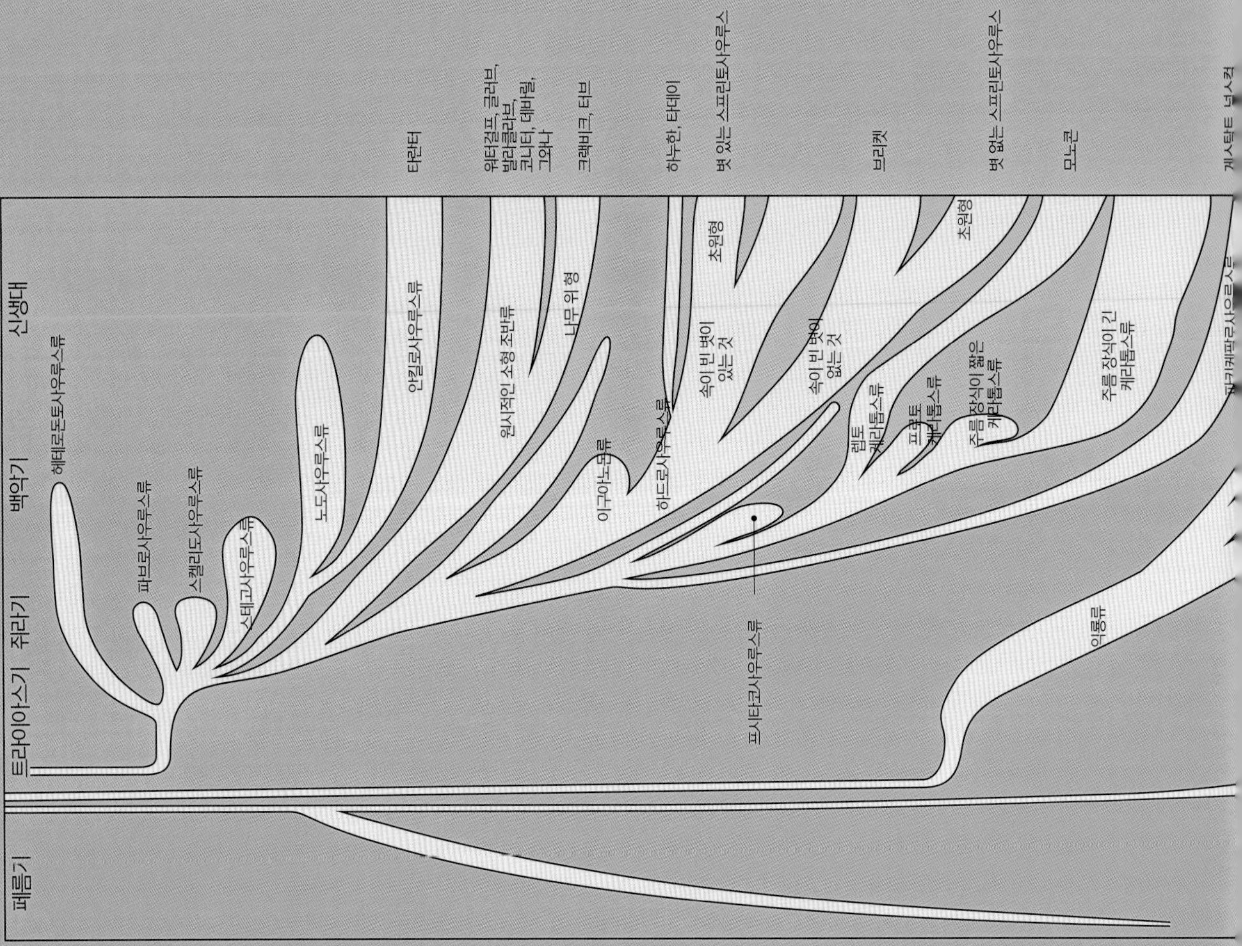

- **헤테로돈토사우루스**
가장 원시적인 조반류 중 하나이다. 수각류와 비슷한 특징이 남아 있다.

- **힙실로포돈**
소형의 원시적인 조반류는 백악기에 크게 번성하여 각지에서 그 후손이 발견된다.

- **파라사우롤로푸스**
백악기 후기에 출현한 하드로사우루스류는 전 세계에 널리 분포되어 있다.

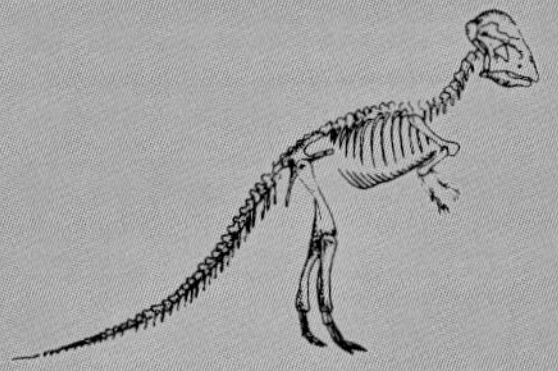

- **스테고케라스**
파키케팔로사우루스류는 백악기 후기에 번성하여 각지로 퍼졌다.

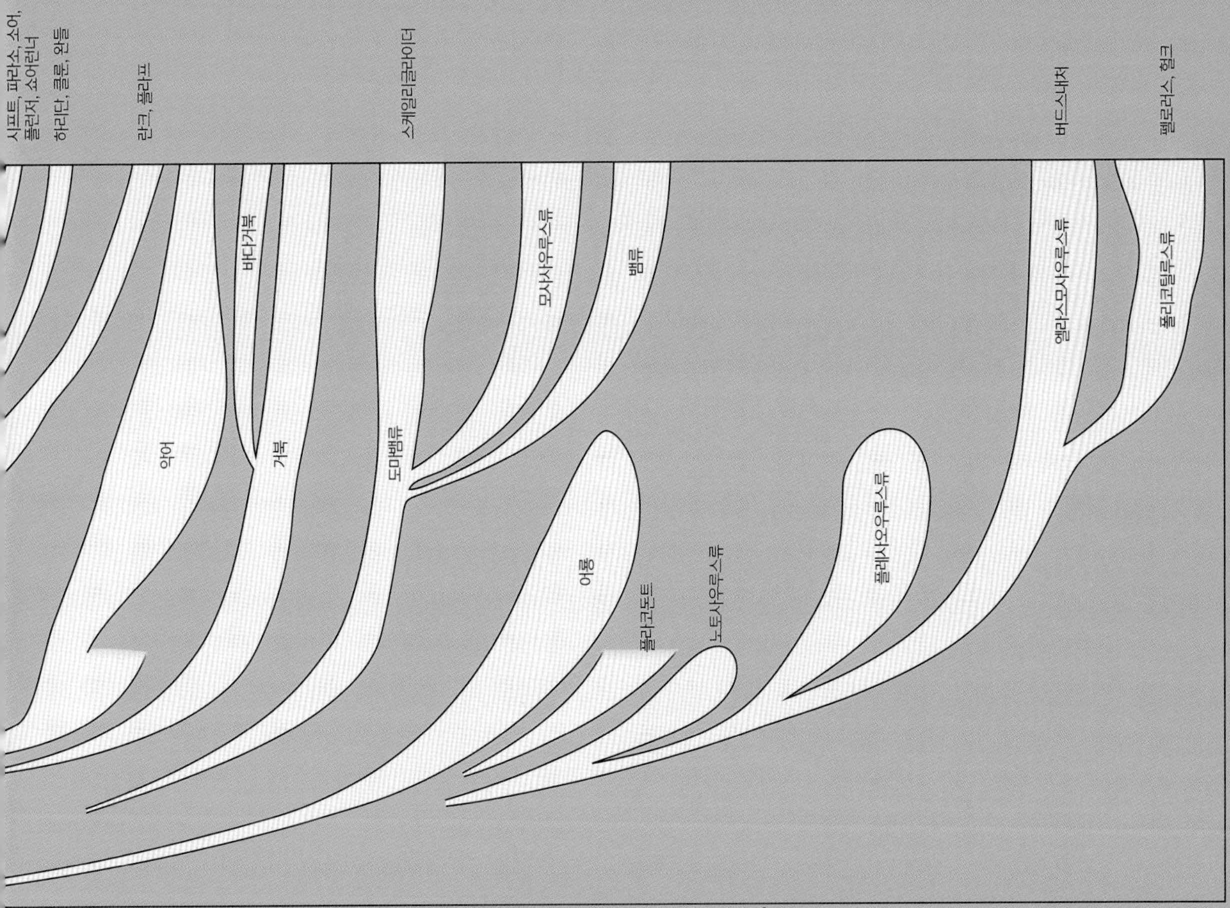

새로운 계통수

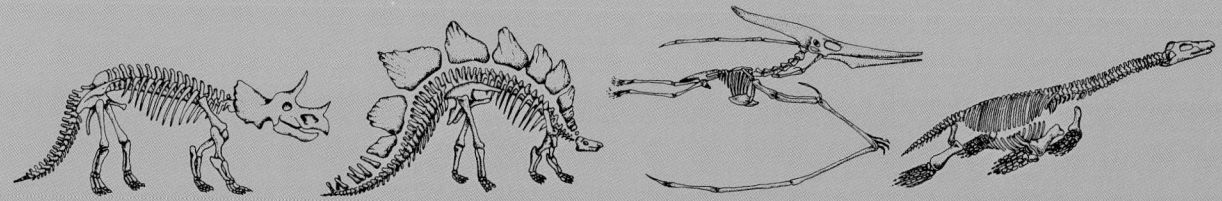

- **트리케라톱스**
케라톱스류는 백악기 후기 이후 신북구와 구북구에서 번성했다.

- **스테고사우루스**
갑옷을 가진 조반류 중 스테고사우루스류는 백악기에 멸종했다.

- **프테라노돈**
꼬리가 긴 익룡은 쥐라기에 멸종했고, 꼬리가 짧은 것만 살아남았다.

- **플레시오사우루스**
수장룡은 목이 긴 것과 짧은 것 모두 살아남았다.

고(古)지리

(계속 움직이는 대륙)

파충류 시대인 중생대 내내 대륙은 계속 분열하였다. 트라이아스기 동안 지구는 하나의 대륙, 초대륙 판게아를 형성했다.

쥐라기에 들어서면서 판게아는 북쪽의 초대륙 로라시아와 남쪽의 초대륙 곤드와나로 나뉘었다. 이때 로라시아와 곤드와나 사이에 적도를 따라 지구를 한 바퀴 도는 거대한 테티스해가 만들어졌다.

로라시아와 곤드와나는 그 후에도 계속 분열했고, 오늘날의 대륙 배치가 만들어졌다.

고제3기는 적도를 따라 세계를 서쪽으로 거의 한 바퀴 도는 적도 해류 덕분에 각 대륙의 해안 지역은 온난 다습했다. 안정적인 따뜻한 기후는 대륙 대부분을 다습한 삼림으로 만들었다.

과거 곤드와나에 속했던 대륙이 북상하면서 테티스해가 좁아졌다. 오스트레일리아 대륙도 남극 대륙에서 분리되었고, 남극 대륙을 에워싼 차가운 한류가 발생했다. 테티스해가 좁아지면서 따뜻한 적도 해류가 약해졌고, 더불어 신생대 중반에 지구는 추워지기 시작했다.

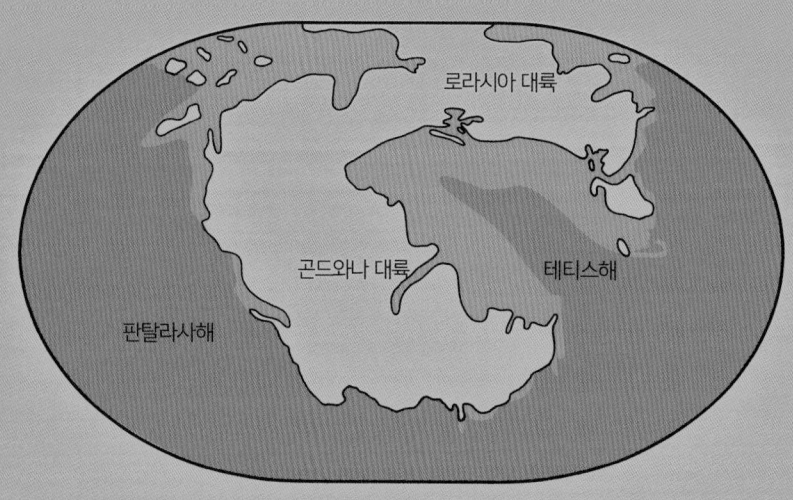

● 판게아
초대륙 판게아가 하나의 형태를 유지한 것은 트라이아스기이다. 쥐라기에 들어서면 판게아는 중앙부터 남북으로 분열하여 북쪽이 초대륙 로라시아, 남쪽이 초대륙 곤드와나로 변했다. 로라시아는 현재의 북아메리카와 유라시아에 해당한다. 곤드와나는 남아메리카, 인도, 아프리카, 남극, 오스트레일리아를 포함한다. 로라시아와 곤드와나 사이에 있는 것이 테티스해이며, 두 대륙 주위를 에워싼 바다는 판탈라사해라고 부른다.

고(古)지리

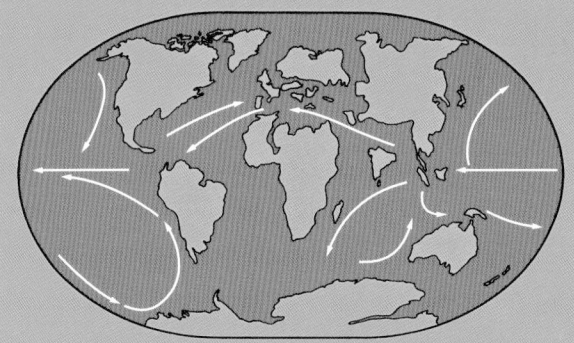

● 고제3기
테티스해는 아직 남아 있었고, 적도 해류가 서쪽을 향해 흘렀다. 적도 해류의 영향으로 지구 전체가 따뜻했다.

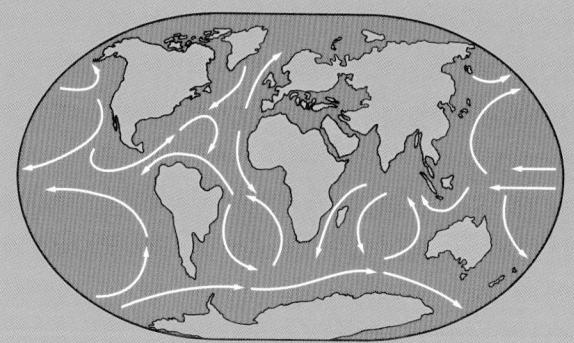

● 신제3기
대륙의 이동으로 테티스해가 닫히고, 남극을 에워싸는 해류가 생겼다. 다양한 해류의 영향으로 지역마다 기후가 달라졌다.

그로부터, 258만 년 전 빙하 시대가 도래할 때까지 지구의 환경은 줄곧 추웠다. 258만 년 전부터 시작된 빙하 시대는 빙기와 간빙기를 반복했다. 간빙기 동안은 비교적 따뜻한 기후였다.

대륙 이동으로 현재의 세계 지형이 만들어졌다. 예를 들면, 지구 최대의 히말라야산맥은 인도가 유라시아 대륙과 충돌했을 때 유라시아 대륙의 남쪽 끝이 바다째 올라와서 생겼다.

대륙 이동은 생물에게도 큰 영향을 주었다. 대륙이 다른 기후대로 이동하면 그곳에서 살던 동식물은 새로운 환경에 적응해야 한다. 대륙들끼리 연결되면 그 전까지 교류가 없었던 생물들 사이에 생존 경쟁도 시작된다.

세계 어느 곳에 어떤 생물들이 살고 있었는가 하는 동물지리를 생각할 때, 이러한 대륙 이동의 영향도 고려해야만 한다.

열대 지역의 온난한 해류와 극 지대의 차가운 해류가 섞이지 못하면서 지역의 기후 차이도 심해졌다. 차갑고 건조한 기후 지역이 넓어지고 열대우림은 광활한 초원으로 변했다. 신생대 중반에 중생대에는 없었던 새로운 서식 환경이 만들어진 것이다. 이 무렵 북극과 남극 주변에 대륙 빙하가 만들어졌다.

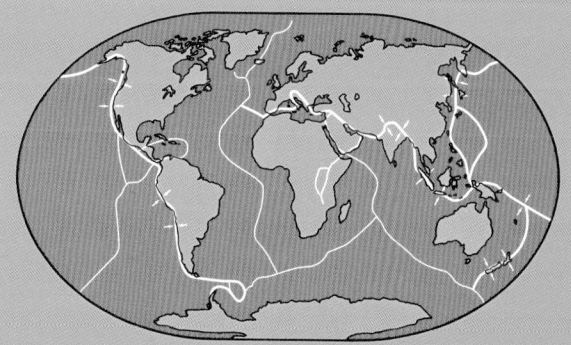

● 현재의 판 운동
지구의 표면을 뒤덮고 있는 판들이 서로 부딪혀 산맥이 형성되거나 활발한 화산 활동이 일어나고 있다.

동물지리구

(세계의 동물 분포)

같은 대륙에 사는 동물은 서식 환경이 크게 달라도 분류학적으로 가까운 관계인 경우가 있다. 그리 멀지 않은 옛날, 공통 조상으로부터 갈라져 저마다 아주 다른 서식 환경에 적응한 것이다. 반대로 조상이 달라도 같은 환경에 살면서 비슷한 모습을 띠는 경우도 많다. 전혀 다른 진화의 길을 걸어왔지만 같은 환경에서 비슷한 방법으로 적응한 것이다.

다양한 동물을, 지금까지 알아낸 진화의 과정 속 공통점에 따라 분류한 것을 '동물지리구'라고 한다. 어느 하나의 동물지리구에 있는 동물들은 다른 동물지리구의 것들과는 다른 진화 과정을 거친다. 동물지리구의 경계는 동물의 이동 장벽이 될 만한 지형이다. 산맥과 사막, 바다 등이 거기에 해당한다. 경계가 불분명한 경우도 있고, 경계를 넘어서 동물들이 서로 오고가는 경우도 있다.

에티오피아구는 아프리카 대륙의 대부분을 차지한다. 마다가스카르섬은 에티오피아구의 일부이지만 고립된 곳이라 하나의 작은 동물지리구로 다룬다.

구북구는 주로 유럽과 히말라야산맥 북쪽의 아시아로 이루어지는데, 아프리카의 지중해 연안도 포함한다.

신북구는 멕시코 사막 북쪽의 북아메리카 대륙으로 이

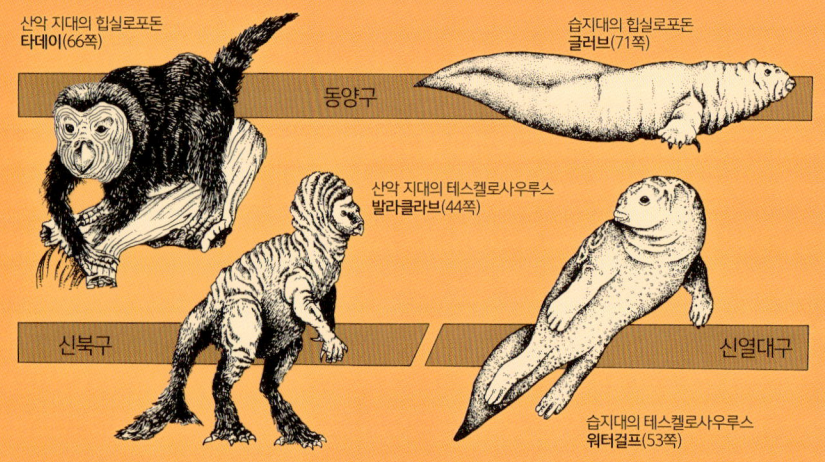

산악 지대의 힙실로포돈
타데이(66쪽)

습지대의 힙실로포돈
글러브(71쪽)

동양구

산악 지대의 테스켈로사우루스
발라클라브(44쪽)

신북구

신열대구

습지대의 테스켈로사우루스
워터걸프(53쪽)

● 환경과 동물상

신북구의 발라클라브와 신열대구의 워터걸프는 백악기 말에 북아메리카에서 번성한 테스켈로사우루스의 후손이다. 전자는 산악 지대, 후자는 물속 생활에 적응했다. 동양구의 타데이와 글러브는 테스켈로사우루스보다 원시적인 힙실로포돈의 후손이다. 타데이는 발라클라브와, 글러브는 워터걸프와 비슷하지만, 이것은 같은 서식 환경에서 비슷한 적응을 보인 결과이다.

동물지리구

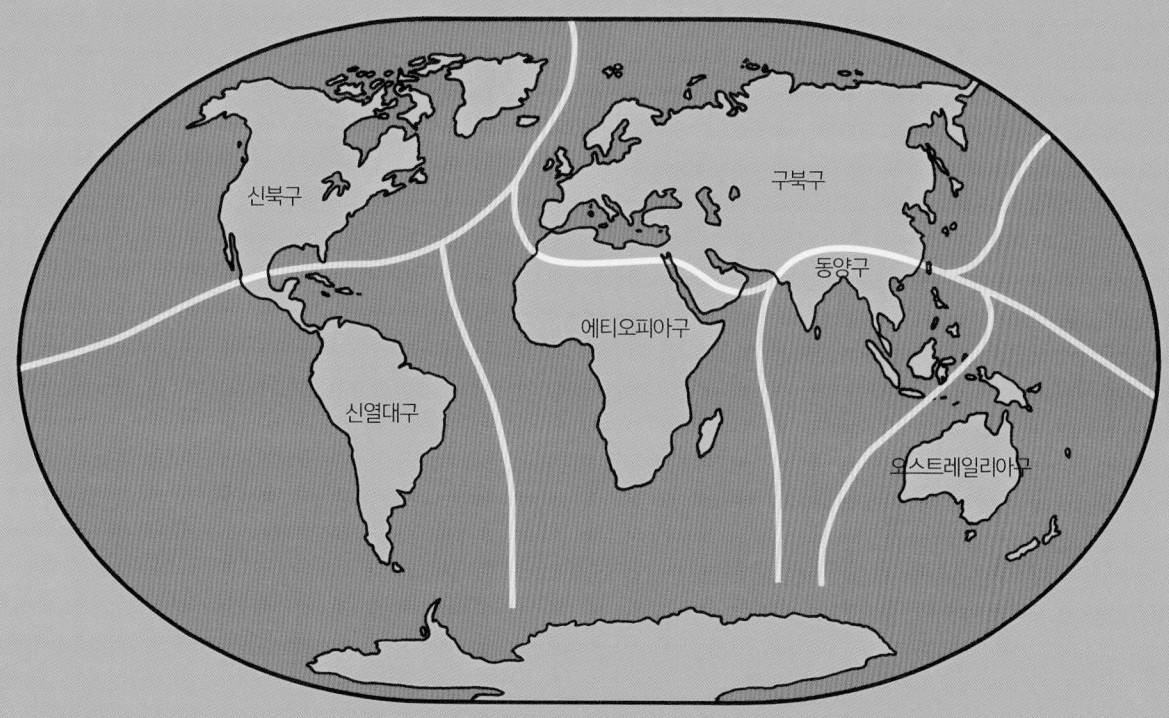

● 동물지리구
세계의 육지는 동물상의 차이에 따라 여섯 개의 동물지리구로
나눌 수 있다. 각각의 경계는 사막이나 산맥, 바다 등이다.
남극 대륙은 생물이 살아가기에는 적합하지 않아 어느 동물지리구에도
포함되지 않는다.

루어진다. 베링해협은 열리거나 닫히기를 반복해 신북구와 구북구의 동물은 공통점이 많다.

신열대구는 남아메리카 대륙과 중앙아메리카의 섬들로 이루어진다. 오랫동안 고립되었지만, 최근에 신북구와 땅이 연결되어 동물상에도 큰 변화가 일어났다.

동양구는 동남아시아부터 남아시아에 해당하며, 히말라야산맥과 서쪽 사막 지대가 다른 동물지리구와의 경계를 이룬다.

오스트레일리아구는 모든 동물지리구 중에서 가장 고립된 곳이다. 남극 대륙에서 분열된 이후 줄곧 섬대륙으로 남아 있어서 이곳만의 독특한 동식물을 발견할 수 있다.

해양은 일곱 번째의 동물지리구라고 볼 수 있다.

이 책의 세계, '신공룡 도감'에 인류는 없다. 당연히 현재의 지명도 이 세계에는 존재하지 않지만, 동물지리구를 위해 편의상 이름을 사용하였다.

서식지

적도 삼림
덥고 습한 정글의 적도대

적도의 삼림은 신열대구, 에티오피아구, 동양구의 적도 옆과 오스트레일리아구의 일부에서 볼 수 있다. 적도를 따라 발생한 저기압의 영향으로 주위에는 활발히 바람이 불고 대량의 비가 내린다. 식물은 덥고 습한 기후에서 급속히 성장하여 거대한 숲을 형성한다.

거목층

상층
연속된 수관

하층
독립된 수관
숲속 땅 위

● 열대우림
열대우림은 나무 높이에 따라 세 층의 공간으로 나뉜다. 거목층에는 조류와 익룡이, 상층과 하층에는 나무 위에 사는 공룡이 대부분이다. 숲속 나무 아래, 빛이 들지 않아 어둑한 땅 위에서 사는 것도 있다.

이러한 환경은 중생대부터 이어진 것으로 오래전부터 살아온 종류의 공룡이 번성한다. 숲 깊은 곳은 나무가 빽빽해서 돌아다니기 어렵기 때문에 대형 공룡은 숲이 끝나는 지점이나 강 주위에서 산다. 숲속에 사는 소형 공룡은 뿌리와 종자, 나무 열매를 먹는다.

숲속 땅 위에는 벌레가 많고, 이들을 먹는 공룡이 산다. 개미나 흰개미를 먹기 위해 특수해진 것도 있다.

나무 위에 사는 공룡은 백악기 때부터 있었다. 손발이나 어깨 구조를 특수하게 변화시켜 보다 쉽게 나무 위 생활에 적응한 코엘로사우루스류와 소형의 원시적인 조반류가 신생대에 나타났다.

백악기에서는 그들 중 전혀 볼 수 없었던, 하늘을 활공하는 새로운 공룡이 출현했다. 활공하는 공룡류는 전 세계 열대림에서 살고 있다. 열대림은 먹이가 다양하고 풍부해서 하늘을 나는 조류와 익룡이 서로 경쟁할 필요가 없다.

● 쇄골
수각류와 새는 좌우 쇄골이 붙어 하나의 차골(叉骨)이 되었다. 아브로사우루스류는 두 개의 쇄골을 다시 진화시켰다.

서식지

(세계의 자연 환경)

초원
탁 트인 평원

벗과의 풀이 무성한 초원은 비교적 최근 지구에 생긴 환경이다. 중생대의 평원은 좀 더 부드러운 초본식물로 뒤덮여 있었다.

백악기 후기에 번성한 대형 초식공룡 대부분은 상당히 우수한 이빨 구조를 보인다. 벗과의 풀을 잘 씹어 먹을 수 있었고, 내장 역시 마찬가지로 풀을 잘 소화할 수 있는 구조였다. 다만 초원은 탁 트여 있어 포식자에게 모습이 발견되기 쉬웠다.

숲에 사는 하드로사우루스류는 이빨 구조는 그대로지만 적을 피해 도망치기 위해 다리가 더 길어졌다. 용각류도 초원에 적응했다. 포식자에게 충분히 대항할 수 있을 만큼 몸집이 커졌다. 하지만 그 외 특별한 다른 체형의 변화는 일어나지 않았다.

● 열대사바나
풀은 긴 건기 동안 영양분이 거의 없어진 땅에서도 쉽게 다시 살아나서 넓은 초원을 형성한다. 사바나의 얼마 안 되는 수목들은 가시 있는 나무나 키 작은 관목이다.

열대의 초원은 적도를 기준으로 열대우림의 바깥쪽에 띠 모양으로 펼쳐져 있다. 여름은 우기, 겨울은 건기이다. 열대초원은 에티오피아구, 신열대구, 오스트레일리아구, 동양구의 일부에서 볼 수 있다. 온대초원은 신북구, 구북구의 넓은 범위에 걸쳐 내륙의 건조한 지역에서 볼 수 있다.

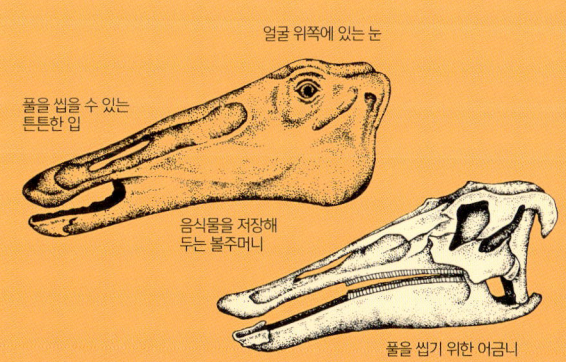

● 풀을 먹는 구조
스프린토사우루스의 눈은 조상보다 위쪽에 위치한다. 이빨은 조상과 마찬가지로 연속해서 새 이빨이 돋아난다.

사막

덥고 건조한 황무지

사막의 유형 중 가장 넓은 것이 열대사막이다. 적도의 삼림에 많은 비를 뿌리고 수분이 거의 사라진 극히 건조한 공기가 하강하여 지면에 머물어 강수량이 매우 적다.

내륙사막은 구북구, 신북구 같은 거대한 대륙의 내륙에 위치한다. 바다에서 불어오는 습한 바람의 영향을 받지 못하기 때문에 늘 건조한 공기가 머문다.

산악 지대의 영향을 받아 사막이 생기는 경우도 있다. 습한 공기가 높은 산맥을 넘을 때 모두 비로 뿌려져서 산을 넘은 후에는 극히 건조한 바람이 분다.

먹을 것이 부족한 사막은 결코 동물이 살기 좋은 조건이 아니기 때문에 동물지리구의 경계로 삼을 수 있다. 사

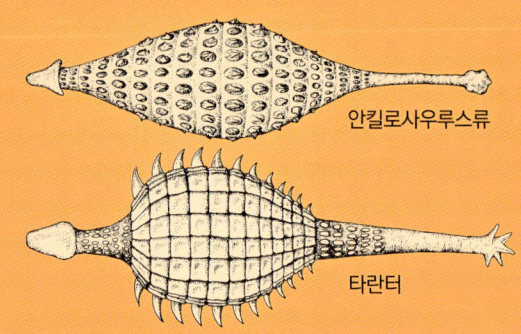

● 물을 비축하기 위한 변화
타란터의 갑옷 구조는 조상인 안킬로사우루스류와 달리 수분의 발산을 막아 주는 역할을 한다.

막에서 사는 생물의 종류와 개체 수는 적도의 삼림에 사는 동물과 비교하면 훨씬 적다. 사막에서 생활하기 위해서는 얼마 안 되는 음식 속의 수분을 오랜 기간 몸 안에 비축해 둘 수 있어야 한다. 따라서 사막에 사는 동물은 신장 능력이 몹시 우수하다. 그들은 몸 안에서 한 방울의 물도 헛되이 쓰지 않는다.

사막은 밤낮의 온도 차이가 심하다. 동물들은 바위 그늘에 몸을 숨기거나 굴을 파고 들어가 몸을 보호한다. 몸을 지키는 것뿐만 아니라 몸 안의 수분 발산을 막기 위해 갑옷 같은 두꺼운 피부로 몸을 덮고 있는 경우도 많다.

● 불모지
열대사막의 특징은 바람에 노출된 평평한 바위와 자갈, 딱딱한 점토, 암염, 그리고 끊임없이 움직이는 모래언덕이다.

온대림
사계절의 서식지

온대의 삼림은 열대 지역과 극 지역 사이인 중위도 지역에 있다. 이곳은 극 지역에서 오는 차가운 공기와 열대의 더운 공기가 교차하고, 둘의 경계는 계절마다, 날마다 변화한다. 그래서 기후가 불안정하다.

대륙 서쪽 끝에 있는 비교적 저위도의 온대림은, 여름은 따뜻하고 건조하며, 겨울은 따뜻하면서 습기가 많다. 동쪽 끝은 1년 내내 따뜻하면서 습하다.

고위도로 갈수록 극 지역의 차가운 공기의 영향이 강해져 여름과 겨울 모두 습하다. 남반구의 중위도 지역은 대부분이 바다이다.

온대림의 대부분은 신북구와 구북구에 위치한다. 신열대구, 에티오피아구, 오스트레일리아구에서는 부분적으로만 온대림을 볼 수 있다. 계절 변화로 인해 온대림에는 낙엽수가 많다. 분해된 낙엽에 의해 토양의 양분도 풍부하다.

활발한 신진대사로 비교적 체온을 유지하기 쉬운 대형 공룡은 온대림에서 1년 내내 활동한다. 나무 위에 사는 소형 공룡은 몸이 작아 체온이 금방 내려간다. 따라서 일부는 겨울잠을 통해 겨울을 난다.

● 봄
깨어난 식물의 성장이 시작된다. 꽃봉오리가 일제히 피어나며 꽃가루를 날린다.

● 여름
식물의 성장기이다. 겨울을 위한 양분을 비축하는 계절이기도 하다.

● 가을
성장이 멈추고 열매를 맺어 씨앗을 퍼뜨린다. 낙엽수는 잎을 떨어뜨린다.

● 겨울
식물의 휴면기이다. 봄에 대비해 에너지를 보존한다.

한대림
북쪽의 침엽수림 지대

지구상에서 가장 광대한 숲이 있는 곳은 북반구의 고위도 지역이다. 이곳의 숲은 극지방을 에워싸듯이 구북구와 신북구에 띠 모양으로 이어져 있다.

기온이 낮고 나무가 성장할 수 있는 기간도 1년에 50~80일밖에 되지 않는다. 대부분의 나무는 침엽수이며, 겨울에도 잎이 떨어지지 않는다. 하나하나 싹을 틔우는 일 없이 조건만 맞으면 곧바로 성장을 시작한다.

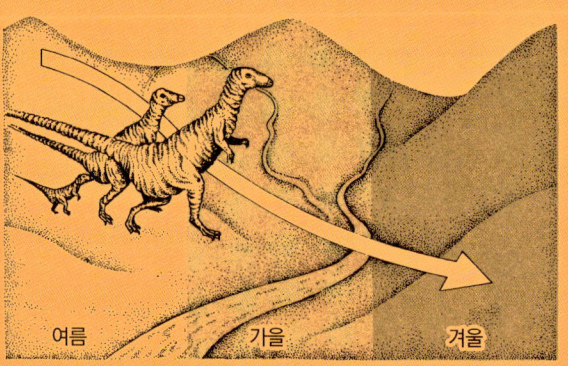

● 동물의 이동
코니터 같은 '떠돌이' 동물은 눈이 내리기 시작하면 곧바로 남쪽으로 이동을 시작하여 온대림의 강 옆에서 지낸다.

꽃이 피고 씨앗이 생길 때까지는 1년 이상 걸린다. 침엽수림은 토양의 층이 얇고, 풀이 무성하게 자라는 일도 없다. 산악 지대의 소규모 침엽수림은 신북구와 구북구 이외에서도 보인다. 남반구의 고위도 지역은 대부분 바다이며, 대규모 침엽수림 지대는 보이지 않는다.

침엽수림은 늘 먹을거리가 부족하다. 몇몇 동물들은 다른 종과의 경쟁을 피하려고 다른 먹이를 찾기도 한다. 소형 동물은 겨울에도 침엽수림에 머물지만, 대형 동물은 따뜻한 지역으로 이동하는 경우가 많다.

● 침엽수림
침엽수림 지대의 토양은 층이 얇아서 단면에 층 구조가 보인다. 이는 지면에 구멍을 파 지하를 헤집고 다니는 생물이 적기 때문이다. 균류가 뿌리에 붙어서 영양 흡수를 돕는다.

서식지

툰드라
얼어붙은 사막

툰드라 지역은 신북구와 구북구의 대륙 빙하를 에워싸듯 펼쳐져 있다. 긴 겨울은 북극만큼 춥고, 짧은 여름은 땅 위의 눈과 얼음을 녹인다. 하지만 지하의 영구동토(지층의 온도가 1년 내내 0℃ 이하로 항상 얼어 있는 땅 – 편집 주)는 녹지 않는다. 그래서 지하까지 스며들지 못한 물로 인해 이곳은 여름이면 습지대가 된다.

툰드라의 서식 환경은 짧은 풀과 이끼, 지의류 등으로 이루어진다. 침엽수림 지대와의 경계에는 드문드문 자란 나무들이 있다.

툰드라는 식물의 자생과 번식 기간이 짧다. 많은 식물은 분열하여 늘어난다. 여름이 되면 식물뿐만 아니라 벌레들도 일제히 번식한다. 새와 대형 육상 동물은 풍부한 먹이를 찾아 여름에 툰드라로 오지만, 겨울이 되면 남쪽으로 이동한다.

툰드라 환경이 나타난 것은 빙하기에 들어서부터이다. 이곳은 공룡에게도 몹시 가혹하다. 비행 능력을 포기한 대형 조류조차 겨울이면 남쪽의 침엽수림 지대로 이동한다.

● 툰드라의 풍경
툰드라의 여름 평균 기온은 섭씨 10도를 넘는다.
주위에는 축축한 늪지대와 호수가 있고, 드문드문 생물들이 보인다.

● 계절마다 이동하는 동물
툰드라에서 트롬블 같은 대형 동물은 1년 내내 이동하면서 생활한다.
여름에는 툰드라의 습지에서, 겨울에는 침엽수림 지대에서 지낸다.

바다
물로 덮인 또 하나의 지표면

지구의 표면 3분의 2는 바다로 덮여 있다. 바다의 대부분은 수심 4,000m 전후의 대양저이며, 생물은 있지만 얕은 바다와 비교하면 불모지나 다름없다.

대륙의 모든 부분이 지표면에 나와 있지는 않다. 끝에 해당하는 부분은 바닷속에 잠겨 있다. 수심이 150m보다 얕은 이 부분이 대륙붕이다.

바다에서 식물들이 성장할 수 있는 환경은 햇빛이 닿는 수심 100m가 한계이다. 바닷말, 즉 해조는 얕은 바다 바닥에 부착해 있거나 해수면 부근을 떠다닌다. 해조류는 소형 동물의 먹이가 되고, 소형 동물은 대형 동물의 먹

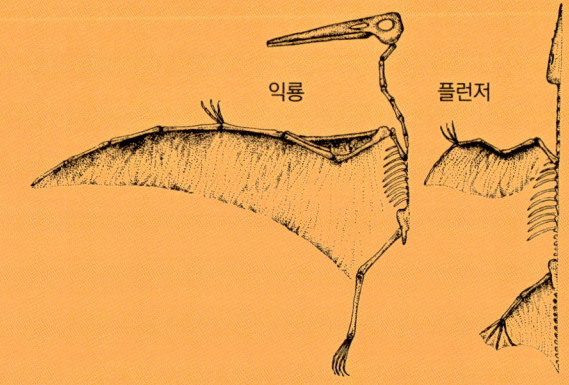

● 헤엄치기 위한 적응

바다에서 살게 된 익룡 플런저는 물방울 모양의 체형이 되었고, 날개는 지느러미가 되었다. 플런저는 광합성 띠에서 물고기를 잡아먹고 산다.

이가 된다. 해저에 가라앉은 사체는 빛이 닿지 않는 심해에 사는 생물의 먹이가 된다.

중생대에는 다양한 파충류 그룹이 교대로 바다로 진출했다. 공룡은 잘 적응하지 못했고 일부 조류가 바다에서 살았다. 지금도 마찬가지다. 해양 파충류의 종류는 백악기 말부터 변함이 없다.

물속에서 생활하려면 헤엄치기에 적합한 유선형, 그러니까 앞부분이 곡선이고 뒤쪽으로 뾰족한 모양인 물고기 같은 몸이 필요하다. 수많은 해양 파충류가 물고기와 비슷한 체형으로 진화했다.

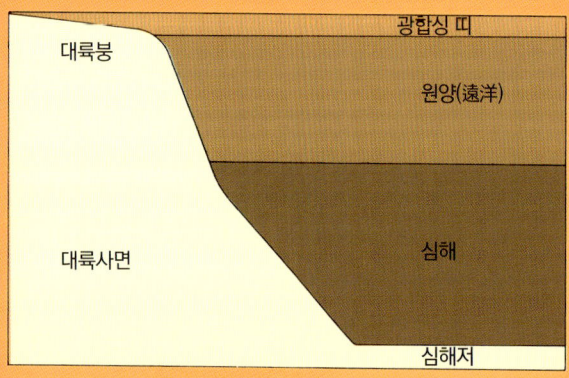

● 해양의 층 구조

식물이 자라는 곳은 해수면 근처의 광합성 띠뿐이다. 먼바다인 원양은 사냥꾼들의 세계이며, 심해 생물은 사체를 먹는다.

서식지

하늘
지구를 둘러싼 공기

동물이 먹이를 얻기 위해 공중으로 진출한 건 아니다. 비행은 원래 이동을 위한 수단이었다.

곤충은 공중으로 진출한 최초의 육상 동물이다. 처음 하늘을 난 척추동물은 페름기부터 트라이아스기에 걸쳐 살았던, 활공하는 도마뱀 비슷한 동물이었다. 몸통 좌우로 늑골이 튀어나왔고, 그것을 뒤덮는 막이 하늘을 나는 날개로 이용됐다. 이러한 비행은 어디까지나 활공, 즉 날개를 움직이지 않은 채 기류를 타고 나는 것일 뿐 자유로운 비행은 아니었다.

이어서 등장한 익룡은 진정한 하늘의 왕이 되었다. 앞다리가 떠받치는 강인한 막으로 된 날개를 가진 익룡은 강력한 근육으로 날개를 조정했다. 그들은 날개를 퍼덕여 자유자재로 비행할 수 있었다. 익룡의 형태와 크기는 다양하지만 모두 뼛속이 비어 있어 가벼웠다. 골격은 우아하고 튼튼하여 비행 중에 생기는 하중에 확실히 잘 버텼다. 조류의 등장 후에도 익룡은 계속 번성하여 오늘날에도 둘이 공존하는 것을 볼 수 있다.

활공하는 공룡은 백악기부터 번성했다. 하지만 오늘날의 활공하는 공룡은 진화의 결과이다. 열대림에서 나무 위 생활을 하던 소형 공룡이 나무에서 나무로 넘어가기 위해 활공하게 된 것이다. 이러한 진화의 과정은 최초로 활공한 파충류의 진화와 비슷하다.

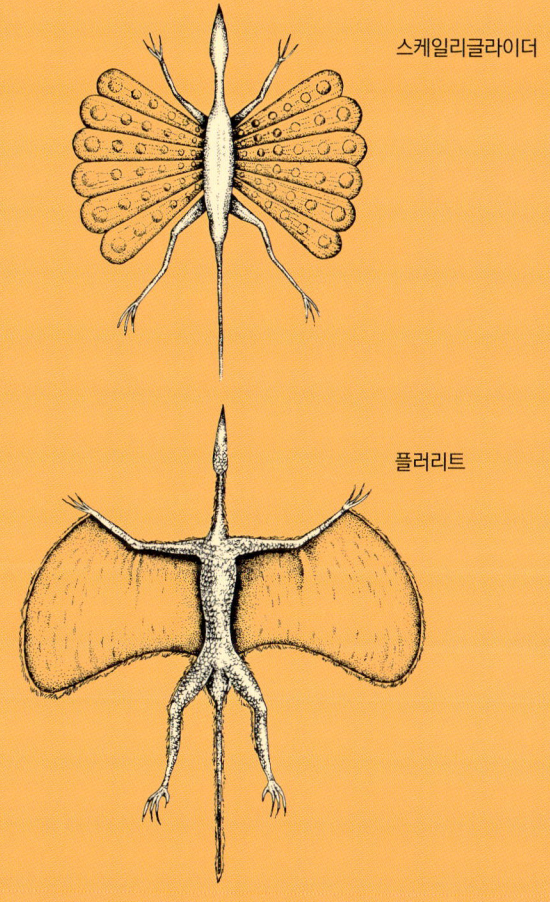

스케일리글라이더

플러리트

● 비행에 대한 적응
동물들은 다양한 방법으로 하늘을 난다.
신열대구의 스케일리글라이더는 날개 모양의 비늘을, 동양구의 플러리트는 팔과 몸통 사이에 있는 피막을 이용한다.

나오는 말

(문학에서 살아 있는 공룡)

'6,600만 년 전에 공룡은 멸종되지 않았다.'
이 책은 이 단순한 전제에 기초한 상상 도감입니다.
19세기 초에 공룡 화석이 발견된 이래, 사람들은 멸종되지 않은 공룡에 대해 온갖 상상을 했습니다. 예를 들어 1853년 찰스 디킨스의 소설 『황폐한 집』 앞부분에는, 런던 대로의 진흙탕은 메갈로사우루스(아벨리사우로이데스)가 활보했기 때문이라는 말이 있습니다.

'잃어버린 세계'

1864년 쥘 베른은 소설 『지구 속 여행』에서 중생대 동물이 지하 깊은 동굴 속에서 살아남은 모습을 묘사하고 있습니다. 동굴에는 바다까지 있고, 등장인물들은 플레시오사우루스와 이크티오사우루스가 싸우는 모습을 목격합니다.

가장 흥미로운 작품은 1912년 아서 코난 도일의 소설 『잃어버린 세계』입니다. 책에는 다양한 중생대 동물이 남아메리카에 있는 작고 고립된 땅(기아나 고지가 모델이었다고도 합니다)에서 살아남아 있습니다. 이 책은 1926년에 무성영화로 만들어졌고, 그 후 '공룡 붐'을 일으켰습니다.

영화 <잃어버린 세계>의 공룡 모형 제작자들이 다음에 도전한 것이 1933년 '괴수' 영화 <킹콩>입니다.

1930년대~40년대에는 SF 단편 잡지의 전성기였습니다. 많은 단편이 '잃어버린 세계'를 모방했고, 잡지 표지에는 젊은 여성을 공격하는 진저리 나는 공룡 그림이 자주 등장했습니다. 공룡 그림은 유명한 화가의 것을 모티브로 삼았고 여성들은 몹시 과장된 모습이었습니다.

이처럼 '잃어버린 세계'는 다양한 미디어에 반복적으로 등장합니다. 무엇보다 똑같은 전제, 즉 중생대 동물이 어딘가 좁은 곳에 고립되어 오늘날까지 살아남았다는 설정을 사용합니다. 중앙아프리카의 정글, 사하라 사막, 먼바다의 외딴 섬, 남극의 화산 분화구, 대협곡 등이 자주 묘사되는 장소입니다.

하지만 여기엔 큰 두 가지 오류가 있습니다.
첫 번째는 '잃어버린 세계'의 격리가 충분하지 않습니다. 격리된 세계에 등장인물이 들어갈 뿐만 아니라 다양한 시대의 동식물이 함께 삽니다.

이를테면 『지구 속 여행』에서는 플레시오사우루스와 코끼리의 무리인 마스토돈이, 『잃어버린 세계』에서는 아르마딜로의 무리인 글립토돈이 큰뿔사슴이나 스테고사우루스와 함께 등장합니다. 하지만 새로운 동물이 격리된 지역에 존재하려면 기존 동물의 자리를 차지해야 합니다.

두 번째는 '잃어버린 세계'의 공간이 너무 작다는 것입니다. 많은 작품에서 묘사한 '격리된 세계'는 거대한 동물의 서식지라기엔 너무 좁습니다.

만약 그런 '잃어버린 세계'가 존재한다면 동물은 좁은 서식지와 부족한 먹이 때문에 크기가 작아져서 미니아벨리사우로이데스(24쪽)나 미니타이타노사우루스(25쪽)처럼 변했을 것입니다.

어떤 환경에서든 오늘날까지 공룡이 살아남았다면 우리가 아는 중생대의 공룡과는 전혀 다른 모습을 하고 있을 것입니다.

결국 '잃어버린 세계'에는 이구아노돈도, 스테고사우루스도 없습니다.

● 소설 『잃어버린 세계』에 등장하는 스테고사우루스
'잃어버린 세계'를 최초로 탐험한 메이플 화이트의 일기에 기록된 스테고사우루스의 스케치.

살아남은 공룡

지금까지는 '공룡이 모습을 바꾸지 않고 지구상의 어딘가에서 살아남았다'는 무대 설정을 살펴봤습니다. 확인했듯이 수천만 년 동안 보존되었던 환경은 단순히 이야기 속 무대일 뿐, 실제로 존재하는가의 여부는 그리 중요하지 않습니다.

이 외에도 공룡을 되살리는 다른 방법이 있습니다. 공룡을 빙하나 용암 속에 가두고 빛을 쪼이거나 핵폭발의 영향으로 부활시키는 것입니다. 이 설정은 아마도 1952년 레이 브래드버리의 단편 『무적(霧笛)』(등대의 안개 경고 고동소리를 번식 상대의 소리로 착각한 공룡이 해저에서 나타난다는 이야기)에서 영향받았을 것입니다. 이 이야기를 원작으로 한 영화가 <원시 괴수 나타나다>이며, 영화는 그 후 다양한 괴수 영화의 기본이 되었습니다.

1990년 마이클 클라이튼의 소설 『쥐라기 공원』과 그것의 원작 영화 시리즈에서는 화석에서 공룡 등의 DNA를 추출하고, 그것을 복제 기술로 부활시킵니다. 호박 안에 보존된 모기에서 공룡의 혈액을 추출하고 거기에서 다시 DNA를 뽑아내는 것입니다. 화석 안에 남아 있던 연조직도 이용합니다.

현재 기술로는 화석에서 수천만 년 전의 DNA를 추출하는 것은 불가능합니다. 설사 가능하다고 해도 거의 남지 않은 DNA를 필요한 만큼 뽑아낼 수 없습니다. 아울러 화석 안에 보존된 단백질이 애당초 화석의 주인공인가 하는 점에도 논란이 있습니다.

수천만 년 늦게 지구와 똑같은 생물 진화가 일어난 혹성을 설정하고, 그곳을 인간이 찾아가는 작품도 있습니다. 또 원시인과 공룡이 공존하는 작품도 있습니다. 이들 작품에서는 이제 과학적인 배경 검증도 필요 없습니다.

오늘날의 공룡 생존 가능성이란 주제로 다시 돌아와서, 사실 공룡은 현재도 존재합니다. 조류는 쥐라기 중기에 공룡인 코엘로사우루스에서 갈라져 오늘날까지 계속 번성하고 있습니다.

조류는 조상인 소형 육식공룡과 비교하면 상당히 달라 보이지만 해부학적, 생리학적으로 보면 그들의 차이는 비행하는 데 적응했는가 아닌가 하는 문제일 뿐입니다.

조류는 공룡 그 자체이며, 그들이 6,600만 년 전의 대멸종에서 살아남은 것은 조상에게서 크게 달라졌기 때문입니다. 물론 대멸종을 극복한 것은 조류 중에서도 극히 일부에 불과하지만 말입니다.

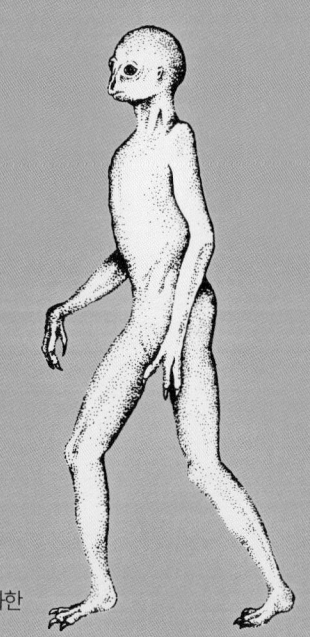

● 지적인 공룡?
데일 러셀.
스테노니코사우루스에서 진화한
디노사우로이드의 상상도.

지능에 대한 궁금증

'잃어버린 세계'에서 인류의 존재는 중요한 부분입니다. 소설 『잃어버린 세계』와 『지구 속 여행』에서도 큰뿔사슴이나 마스토돈이 들어온 것보다 더 나중에 침입한 인류가 공룡과 함께 살고 있습니다.

인류의 역사를 생각해 봅니다. 과연 그곳에서 인류가 다른 생물과 생태 균형을 유지하며 살 수 있을까요?

다양한 소설과 텔레비전 프로그램에서 공룡이나 익룡 등에서 진화한 지적인 파충류가 등장합니다. 그들은 인류와 동등한 기술을 가진 한편, 인간적인 감정은 갖고 있지 않은 것으로 묘사되는 경우가 많습니다.

흔히 말하는 냉혈이라는 파충류의 특징이 성격의 냉담함, 냉혹함으로 표현되는 것입니다. 이런 묘사는 드라마에선 꼭 필요한 요소입니다.

지적 생물이 된 공룡에 대한 아이디어는 1982년 캐나다의 고생물학자 데일 러셀이 제안했습니다. 러셀은 다른 그룹의 공룡과 비교해 트로오돈류의 스테노니코사우루스의 뇌가 몸 크기에 비해 크다는 것을 지적하며 지능이 발달한 가장 유력한 후보로 삼았습니다.

스테노니코사우루스는 두 발로 걷는 이족보행의 공룡입니다. 러셀은 더 나아가 그 손의 구조가 물건을 쥐기에 적합하다고 주장했습니다.

두 발로 걷는 이족보행과 물건을 쥘 수 있는 손은 원숭이가 지능을 발달시키고 문명을 구축하는 데까지 이르게 만든 신체적 특징입니다. 러셀이 말한 신장 1.4m에 완전 직립의 몸, 큰 머리의 '디노사우로이드'는 인간의 모습과 흡사합니다.

그럼 생각해 봅니다. 지능이란, 진화의 필연적인 결과물일까요? 만약 한 동물 무리가 충분히 오래 존속하고 진화했다면, 이론을 세우고 도구를 만들고 전쟁을 벌이고 예술을 즐기는 문명을 발달시켰으리라 단정할 수 있을까요?

많은 연구자는 그렇게 생각하는 것 같습니다. SETI(Search for Extra-Terrestrial Intelligence 지구 외 지적 생명체 탐사)라고 불리는 일련의 계획에서는 지구 밖의 지적 생명체가 보내는 전파를 수신하려 합니다. 하지만 최초의 시도로부터 반세기 이상이 지났지만, 아직 확실한 성과가 없습니다.

지구에서조차 지능은 진화의 최종 결과물이 아닙니다. 지구의 생태계는 40억 년 가까이 지능 없이 잘 이뤄졌습니다. 지능을 가진 존재가 진화의 목표인지, 더 나아가 생존에 유리한 전제인지조차 증명되지 않았습니다. 인류의 앞날은 불투명합니다.

공룡이 계속 진화했다면 지능도 발달시켰을지 모릅니다. 하지만 인류의 지능과 같은 종류가 아닌, 효과적인 사냥의 기술이나 협력 같은 지혜 쪽일 것입니다.

만약 지금까지 공룡이 살아 있다면

우리가 아는 중생대의 공룡과는 전혀 다를 것이라고 확신합니다. 우리 눈에는 중생대 조상과 똑같이 기묘하고 당당한, 멋진 동물일 것입니다. 그러나 만약 공룡이 지금도 살아 있다면, 그 모습을 목격하고 싶은 우리는 존재하지 못할 겁니다.

추천하는 말

역사는 필연일까, 우연일까? 자연사는 필연을 가장한 우연일 뿐이라고 이야기한다. 우리는 어떤 생명의 멸종 소식에 가슴 아파하고 멸종 위기에 빠진 종의 보존을 위해 무진 애를 쓰지만 모든 멸종이 슬픈 일만은 아니다. 왜? 자연사란 결국 멸종의 역사이고 그 덕분에 우리 인류가 등장했기 때문이다.

멸종이란 별난 일이 아니다. 끊임없이 변화하는 환경 속에서 생명이 적응하는 과정에 일어나는 자연스러운 현상이다. 누군가 멸종하면 그 자리를 새로운 생명이 차지한다. 그게 바로 진화다. 각각의 멸종 사건은 티도 안 난다. 하지만 대멸종은 이야기가 다르다. 갑자기 지구 생태계가 변한다. 지금까지 지구에는 다섯 차례의 대멸종이 있었고 현재 우리는 여섯 번째 대멸종을 몸으로 경험하고 있다.

다섯 번째 대멸종은 6,600만 년 전에 일어났다. 지름 10킬로미터짜리 거대한 운석이 지구에 충돌한 것이다. 이때 육상에서는 고양이보다 커다란 동물은 모두 사라졌다. 그리고 신생대가 시작되었다. 그런데 만약 그때 운석이 지구 옆을 그냥 지나쳤다면 어떻게 되었을까? 운석이 지구와 충돌하는 우연이 일어나지 않았다면 어떤 일이 있었을까?

『신공룡 도감』은 바로 현실과는 다른 우연의 상황을 전제로 한다. 6,600만 년 전 거대한 공룡들이 멸종하지 않았다면 그 공룡은 어떻게 변했을까, 하는 질문에 답하는 책이다. 그 사이에 지구 환경은 엄청나게 변했을 것이다. 그렇다면 공룡 역시 변할 것이다. 이 말은 공룡이 대멸종은 당하지 않았지만 개개의 공룡 종은 다른 종으로 진화했을 것이라는 이야기다.

우리가 고생물학을 공부하고 연구하는 이유는 무엇일까? 그것은 우리가 역사를 공부하고 연구하는 이유와 같다. 단지 과거가 궁금해서가 아니다. 현재 이 모습이 왜 생겨났는지, 그리고 우리는 어떻게 변할 것인지 탐구하기 위해서다. 중생대의 파충류와 포유류가 6,600만 년 전 대멸종을 경험하지 않았다면 어떤 모습으로 진화했을지 궁금하지 않은가? 아무도 보지 못한 일이다. 하지만 우리 두뇌는 충분히 상상할 수 있는 능력이 있다.

『신공룡 도감』에 나오는 낯선 생명들의 이름을 외우는 것은 우리 인생에 어떤 도움도 되지 않는다. 하지만 그 생명들의 중생대 기원과 함께 이들이 살고 있는 환경과 모습 사이의 관계를 자세히 따지며 읽다 보면 어느새 생물과 환경에 대한 새로운 통찰을 얻은 자신을 발견하게 될 것이다. 자신의 세계를 확장시키는 책이다.

『신공룡 도감』은 중생대 파충류와 포유류가 지금 살아 있다면 어떤 모습일지 치밀하게 보여준다. 이 책에 나오는 가상의 동물에 해당하는 과거 동물을 보는 것도 재밌지만, 같은 특징을 갖는 현생 동물을 떠올리고 찾아보면 또 다른 의미가 있을 것이다. 책을 모두 읽은 다음에는 책을 들고 자연사박물관을 찾아가라. 현생 동물만큼 우리에게 귀한 것은 없다. 우리 생태계의 동반자이기 때문이다. 책을 읽은 후에는 현생 생물에 대한 애정이 더 깊어질 것이다.

여기에 나오는 생물들은 모두 실제하지 않는 가상의 생명이다. 하지만 독자들은 금방 그 사실을 잊게 된다. 논리적이고 사실적이기 때문이다. 저자는 마치 자기가 전 세계를 탐험하며 조사하고 관찰하고 사진 찍고 연구한 듯이 서술했다. 게다가 지구 환경과 동물 행태에 대한 서술이 우리가 알고 있는 실제 자연을 반영한다. 그래서 실제인 양 착각하기 쉽다. 독자가 이 점만 놓치지 않는다면 훌륭한 동물학 또는 생태학 교과서 역할을 할 수 있다. 다시 강조하지만 정신 바짝 차려야 한다. 책을 읽을 때뿐 아니라 우리 자연을 대할 때도 마찬가지다.

이정모 (국립과천과학관장)

찾아보기

● ㄱ
가루디미무스 016, 017, 020, 021, 068
각룡 043, 100
게스탈트 028, 067, 102
계통수 .... 100~103
고(古)지리 104, 105
곡룡 036, 056
곤드와나 .... 014, 022~024, 026, 050, 059, 062,
064, 066, 072, 080, 084, 100, 104
구르망 059, 093, 100
구북구 .... 014, 026~038, 043, 058, 062, 064,
066, 067, 070, 103, 106, 107, 109~113
그와나 076, 102
글러브 071, 102, 106
김프 054, 055, 101
깃대 040, 041

● ㄴ
넘스컬 067, 102
노거 048, 101
노도사우루스류 036, 100, 102
노스클로 042, 093, 101
노아사우루스 058, 060
노트로니쿠스 042

● ㄷ
단궁류 098
대륙 이동 084, 096, 105
대멸종 .... 093~098

대지구대 014, 050
데바릴 037, 102
데이노니쿠스 100
델타 046, 047, 062, 070, 074
도마뱀류 055, 103
돌리코린콥스 088, 090
동물지리구 026, 050, 062, 072, 084, 106, 107, 110
동양구 .... 021, 024, 026, 036, 062~072,
079, 106~109, 115
드로마에오사우루스류 033, 101
디프 060, 100
딩검 076, 077, 101

● ㄹ
라자펀트 064, 065, 093, 101
라페토사우루스 023, 025
란크 018, 019, 103
럼버 057, 058, 064, 101
로라시아 014, 026, 038, 084, 104

● ㅁ
마운틴리퍼 045, 101
만(灣) 014, 038, 047, 062
모노콘 043, 102
몬타노케라톱스 043
미니아벨리사우로이데스 024, 100
미니타이타노사우루스 025, 101

123

ㅂ

발라클라브 044, 066, 093, 102, 106
버드스내처 089, 103
브리켓 030, 031, 093, 102
비로노사우루스 069

ㅅ

사막 ...... 014, 015, 020, 021, 026, 027, 037~039, 050, 051,
          062, 063, 068, 072~074, 076, 077, 106, 107, 110, 113
사우로르니토이데스 046
사우롤로푸스 030
살타사우루스 057
샌들 020, 021, 101
소어 086, 103
쇄골 017, 108
쇼어런너 083, 103
수각류 .... 017, 022, 033, 057, 059, 100~102, 108
스케일리글라이더 054, 055, 103, 115
스테고사우루스 103
스테고케라스 102
스텝 027, 036, 037
스프린지 046, 101
스프린토사우루스 .... 040~042, 081, 093, 102, 109
스피노사우루스류 075, 100
시프트 047, 103
신북구 .... 018, 026, 032, 035, 038~050, 056,
                058, 062, 086, 103, 106, 107, 109~113
신열대구 .... 016, 038, 050~061, 086, 106~109, 111, 115

ㅇ

아나토사우루스 041
아다사우루스 033
아벨리사우로이데스 022, 024, 100, 101
아벨리사우루스류 022, 024, 059, 100
아브로사우루스류 016, 017, 048, 049, 054,
                                    069, 078, 101, 108
아즈다르코 018, 019
아틀라스콥코사우루스 076
아파토사우루스 101
악어 098, 103
안데사우루스 057
안킬로사우루스류 036, 100, 102, 110
알바레즈사우루스류 045, 052, 101
암모나이트류 082, 083, 091
앵무조개 083
얀두사우루스 032, 035, 037
에드몬토사우루스 040
에쿠이주부스 066, 067
에티오피아구 .... 014~025, 038, 050, 062, 068,
                        072, 080, 081, 084, 086, 106~109, 111
엘라스모사우루스류 089, 103
열대사바나 109
열대우림 .... 014~017, 022, 051~055, 062, 063,
                        067~069, 073, 078, 083, 105, 108, 109
영구동토 113
오르니토디라 099
오르니토미무스 049
오르니토케이루스 060, 080, 081

오스트레일리아구......................062, 072~083, 107~109, 111
온대림 025, 073, 079, 080, 093, 111, 112
온실 효과 097
와스프이터 016, 017, 101
완나노사우루스 067
완들 081, 103
용각류 ....023, 056~058, 099~101, 109
용반목 098, 099
워터걸프 053, 071, 102, 106
웜 020, 021, 068, 101
위플 035, 101
유선형 020, 037, 087, 114
융기 038, 050
이리듐 095, 096
익룡 ....014, 018, 019, 045~047, 050, 060, 061,
064, 069~072, 077, 080, 081, 083, 086, 087, 089, 091,
093~095, 098, 099, 103, 108, 114, 115

● ㅈ
자이노사우루스 065
잘람달레스테스 031
적도 삼림 108
조각류 100
조반목 098, 099
즈웜 031, 100
지배파충류 098
진사회성 028
징크스 033, 101

● ㅊ
차골 017, 108
초원 ....014~016, 018, 019, 026, 027, 036,
038~040, 042, 043, 050, 051, 056~059, 062, 064,
065, 072, 076, 077, 081, 093, 105, 109
침엽수림..............................026, 027, 032~034, 036,
038, 039, 051, 112, 113

● ㅋ
카쿠루 074, 075, 077
커틀라스투스 ....058~060, 093, 100
케라토사우루스류 100
코니터 032, 033, 093, 102, 112
코엘로사우루스류 045, 077, 100, 108
코엘로피시스 100
코코넛그랩 082, 083
콴타스사우루스 078, 079
크라켄 090, 091
크랙비크 078, 079, 093, 102
크루로타르시류 098
크리브럼 074, 101
클룬 080, 081, 103
키로스테노테스 048, 054

● ㅌ
타데이 067, 079, 102, 106
타란터 036, 037, 102, 110
타이타노사우루스 023, 025, 101
탈라루루스 036

터브 079, 102
터토사우루스 056, 057, 101
테스켈로사우루스 044, 106
테티스해 014, 026, 064, 084, 104, 105
투아타라 080
툰드라 ... 026, 027, 034, 035, 038, 039, 044, 045, 062, 113
트로오돈류 033, 069, 101
트롬블 034, 035, 101, 113
트리웜 068, 101
트리케라톱스 103
트리파운스 048, 049, 101
트리호퍼 017, 101
티라노사우루스 101
티타노사우루스류 023, 056, 064, 100, 101

● ㅍ
파라사우롤로푸스 040, 041, 102
파라소 070, 071, 103
파키케팔로사우루스류 067, 100, 102
판 운동 038, 050, 072, 096, 105
판가룬 016, 052, 054, 101
판게아 014, 026, 038, 084, 096, 104
판탈라사해 083, 084, 104
팜파스 .... 050, 056~059
펠로러스 090, 103
포우치 075, 101
포유류 021, 031, 036, 037, 045,
          049, 061, 077, 093~095, 098, 100

폴리코틸루스류 089, 090, 103
푸틀 049, 101
프테라노돈 103
프테로닥틸루스 047, 070, 083, 086
플라프 019, 081, 103
플러리트 069, 101, 115
플런저 087, 103, 114
플레시오사우루스 103

● ㅎ
하누한 066, 067, 093, 102
하늘 018, 019, 047, 055, 081, 098, 099, 108, 115
하드로사우루스류 030, 040, 041, 056,
                                                        066, 076, 102, 109
하리단 060, 061, 103
한대림 112
해양 .... 038, 084~091, 107, 114
해양 파충류 094, 098, 114
헐크 089, 103
헤테로돈토사우루스 102
호말로케팔레 028, 029
활공 055, 069, 098, 108, 115
히드로테로사우루스 089
힙실로포돈 033, 053, 071, 102, 106

린제이에게
FOR LINDSAY

Original Title: The New Dinosaurs
Copyright © Dougal Dixon, 1988 and 2019
Published in Japan by Gakken Plus Co., Limited, Tokyo.
Japanese translation © G. Masukawa, 2019
Japanese translation rights arranged by Rights World Agency
All rights reserved

저자 두걸 딕슨(Dougal Dixon)
영국의 고생물학자, 지질학자이자 작가입니다. 뛰어난 상상력을 바탕으로 과학 논픽션 분야에서 세계적으로 많은 독자들에게 사랑받고 있습니다. 그중에서도 공룡 분야의 전문가로 인정받고 있으며 영국에서 가장 인기 있는 과학 작가 중 한 명입니다. 210여 권이 넘는 도서 집필에 참여했으며 현재는 영국 자연사 박물관 외 여러 곳에서 고문으로 활동하고 있습니다. 저서로는 『나의 첫 번째 공룡책』, 『캄프토사우루스 미식 기행』, 『지금도 공룡이 살아있다면?』, 『고래가 걸었다고?』 등이 있습니다.

옮긴이 김해용
경희대학교 국어국문학과를 졸업하고, 출판 편집자로 일하면서 다수의 일본 작품을 번역하고 편집하였습니다. 번역한 도서로는 『조류학자라고 새를 다 좋아하는 건 아닙니다만』, 『지성만이 무기다』, 『나는 왜 혼자가 편할까』, 『도라에몽 : 진구의 달 탐사기』, 『나오미와 가나코』 등이 있습니다.

※ 소미아이는 (주)소미미디어의 어린이·청소년 브랜드입니다.

신공룡 도감
만약에 공룡이 멸종하지 않았다면

2021년 06월 24일 1판 1쇄 발행

저　　자	두걸 딕슨
옮 긴 이	김해용
발 행 인	유재옥
본 부 장	조병권
담 당 편 집	박소연
편 집 1 팀	이준환 박소연
편 집 2 팀	정영길 조찬희 박치우
편 집 3 팀	오준영 곽혜민
편 집 4 팀	성명신
디 자 인	김보라 서정원
라 이 츠	한주원
디 지 털	박상섭 이성호 최서윤
발 행 처	(주)소미미디어
발행등록	제2015-000008호
주　　소	서울시 마포구 토정로 222, 403호(신수동, 한국출판콘텐츠센터)
판　　매	(주)소미미디어
제 작 처	코리아피앤피
마 케 팅	한민지 이주희 최정연
물　　류	허석용 백철기
외부스태프	김은희
전　　화	편집부 (070)4260-1393, (070)4405-6528 기획실 (02)567-3388 판매 및 마케팅 (070)4165-6888, Fax (02)322-7665

ISBN 979-11-6611-663-6 (77450)
ISBN 979-11-6611-662-9 (세트)

Shinkyouryuu Zetsumetsu shinakatta Kyouryuu no Zukan　Jidousho ban
© Dougal Dixon/Gakken 2019
This edition based on NEW DINOSAURS, originally published in English
Copyright © Dougal Dixon, 1988
This edition first published in Japanese in 2019 by Gakken Plus Co., Ltd., Tokyo
Korean translation rights arranged with Gakken Plus Co., Ltd.
All rights reserved.

이 책의 한국어판 저작권은 저작권사와의 독점 계약으로 (주)소미미디어에 있습니다.
저작권법에 의해 한국 내에서 보호를 받는 저작물이므로 온·오프라인에서 무단복제와 전재, 스캔 및 공유를 금합니다. 위반 시 법에 의해 처벌받을 수 있습니다.